Dez. 98

22/11

Die besten Rezepte mit

Geflügel

Die besten Rezepte mit

Geflügel

herausgegeben von
Marie-Theres Wiener

Buch und Zeit Verlagsgesellschaft mbH · Köln

Weitere Bücher in gleicher Ausstattung:
„Salate und andere vegetarische Gerichte". „Die neue Vollwertküche". „Gesund und schlank mit Trennkost". „Mit und ohne Wok asiatisch kochen"

Die Abkürzungen in diesem Buch

EL	=	Eßlöffel	l	=	Liter
TL	=	Teelöffel	Msp.	=	Messerspitze
g	=	Gramm	TK	=	Tiefkühlprodukt
kg	=	Kilogramm	cm	=	Zentimeter
ml	=	Milliliter	P.	=	Päckchen
cl	=	Zentiliter			

ISBN 3-8166-9748-8

Titelbild: TLC Foto-Studio GmbH, Velen Ramsdorf
Fotos: Michael Wissing & Partner, Elzach-Katzenmoos: Seite 3, 34, 37; H.-J. Schwarz, Nieder-Olm: Seite 10; Edith Gerlach, Frankfurt: Seite 20, 29, 95, 99, 104, 105, 107, 110, 116, 129; Anschlag & Goldmann, Borken: Seite 39, 50/51, 51, 56, 57, 58/59, 62; T. + E Creative Fotografie + Styling, Frankfurt: Seite 22/23, 40/41, 41; L'Ebeque/Bischof: Seite 91; K. Iden, Hamburg: Seite 114/115; alle übrigen: TLC Foto-Studio GmbH, Velen Ramsdorf

Gesamtkonzeption:
Buch und Zeit Verlagsgesellschaft mbH, D-Köln

1999974893X7 2635 4453 6271

Inhaltsverzeichnis

Vorwort

Hähnchen, Hühnchen, Ente, Gans und Truthahn liegen im wahrsten Sinne des Wortes in aller Munde. Während sich noch vor ein paar Jahren fast ausschließlich (tiefgekühlte) Hähnchen unter dem glühenden Grill drehten, stehen heute dem Hungrigen, dem Genießer sowie dem Gesundheitsbewußten neben frischem Hähnchen Poularde, Kapaun, Hähnchenkeule und Hähnchenbrust, Ente sowie Ententeile, Puten, Gänse, feine Gänsebrust und kernige Gänsekeulen zur Verfügung.
Immer begehrter ist die Pute, auch Truthahn oder Truthenne genannt. Dieser große Vogel wird gern in Teilstücken zubereitet: Putenschnitzel, Putenkeulen, Putenbrust, Putenrollbraten und so weiter. Zur Geflügelküche zählen natürlich auch die feinen jungen Tauben, die zarten Wachteln, die Rebhühner, Fasane und Flugenten.
Geflügel läßt sich derart vielfältig zubereiten, daß dafür kaum die verfügbaren Seiten ausreichen. Hier wird gegrillt und gebraten, geschmort und gedämpft, gefüllt und gekocht, fritiert und gebacken.
Genießen Sie Geflügel rund ums Jahr auf die beste Art. Die Rezepte sind erprobt und leicht nachzukochen. Ran an den Vogel und ran an den Herd.

Geflügel ist in aller Munde

Wem läuft nicht beim Anblick einer knusprig gebratenen Ente das Wasser im Munde zusammen? Wer denkt nicht mit Sehnsucht das ganze Jahr über an die köstliche Weihnachtsgans mit der himmlischen Kruste? Wer genießt nicht ein zartes oder würzig-scharfes Geflügelgericht mit Hähnchen- oder Putenfleisch?
Geflügel ist preiswert, leicht bekömmlich und vielfältig zuzubereiten. Darüber hinaus ist es ein gesundes Nahrungsmittel, und bis auf Gans und Ente können auch Kalorienbewußte nach Herzenslust schlemmen.
Auf den folgenden Seiten beschreiben wir den gesamten Geflügelhof – vom Zucht- bis zum Wildgeflügel. Sie erfahren, was Sie bei tiefgefrorenem Geflügel zu beachten haben, Sie erlernen das Tranchieren vor und nach dem Braten. Wir verraten die besten Tips und die richtigen Gewürze. Darüber hinaus sagen wir Ihnen, wie eine kräftige Hühnerbrühe gekocht wird und was bei der asiatischen Geflügelküche zu beachten ist.

Wer fütterte das erste Huhn?

Darstellungen aus alter Zeit beweisen, daß beispielsweise die Ägypter schon vor 4500 Jahren verschiedene Geflügelarten für ihre Tafel züchteten. Wer aber war der erste Mensch, der ein wildes Huhn, einen Truthahn oder eine Ente mit einer täglichen Handvoll Körner an sich und seine Nähe gewöhnte?
Spätestens seit die Menschen auf der Erde ihr Nomadentum aufgaben, feste Behausungen für sich und ihre Familien errichteten und pflanzliche Nahrung rund um die Hütte kultivierten, versuchten sie bestimmte wilde Tiere ans Haus zu binden. Rinder, Schafe und Ziegen gaben Milch, Fleisch und Leder für Bekleidung und Haushalt. Gefiederte Tiere wie Hühner, Gänse und Enten legten schmackhafte Eier. Das Geflügel war leicht aufzuziehen und bereits nach wenigen Wochen oder Monaten schlachtreif. Die Federn wärmten in Betten und Jacken die Menschen bei Nacht und an kalten Tagen. Hätte jemals ein verliebter junger Mann seiner Angebeteten einen Brief schreiben können, wenn es keine Gänsekiele zum Schreiben gegeben hätte? Das Federvieh war darüber hinaus leichter zu halten als die Rinder, die besonders im Winter viel Futter benötigten, das ihnen der Mensch beschaffen mußte. Die Hühnerschar pickte, was in ihrer Umgebung auf dem Boden lag. Natürlich hat auch in jenen längst vergangenen Zeiten schon ein am Spieß gebratenes Huhn jeden noch so wütenden Berserker, jeden zornigen Krieger und jeden grantelnden Bauern friedlich gestimmt.
Im Mittelalter mußten für ein mehrtägiges Fest über 2000 Gänse, 1000 Kapaune und weit über 10 000 andere Vögel ihr Leben für Suppen, Braten und Pasteten lassen. Unter diesen Vögeln waren auch Pfauen, Schwäne, Krähen, Störche und Singvögel. Ob sie allesamt einen guten Braten ergaben, ist fraglich. Aber Geschmack und Eßgewohnheiten der Menschen waren vor einigen 100 Jahren auch anders.

Vor gar nicht so langer Zeit, es mögen 30 Jahre her sein, lockten frisch gegrillte Hähnchen die Kunden in Metzgereien und Lebensmittelläden (Supermärkte waren erst schemenhaft am Horizont sichtbar). Als dann einige Zeit später fast jeder Haushalt einen Küchenherd mit Grill besaß, lagen sie zu Stein gefroren in den neuen Tiefkühltruhen: die Brathähnchen. Für ein paar Mark erwarb der Kunde einen großen Genuß.
Mit dem Einzug der Supermärkte vergrößerten sich vielerorts auch die Märkte, auf denen die Bauern selbst ihre Produkte verkauften. Darunter selbstverständlich Geflügel wie Hähnchen, Poularden, Suppenhühner, Enten und Gänse, seltener Kapaune. Später kam der Truthahn, auch Puter genannt, dazu. Dieses Geflügel war wohl vom Federkleid befreit, nicht aber von seinen Innereien. Und es wird nicht wenige Frauen und Männer gegeben haben, die vergaßen, das Geflügel auszunehmen. Wenn so ein ganzer Vogel im Kochtopf oder im Backofen verschwand, war er leider nicht mehr zu genießen.
Aus hygienischen Gründen wird heute bei uns Geflügel nur noch ausgenommen angeboten. Manchmal sind Leber, Herz, Magen und Hals in einem Beutelchen beigelegt, manchmal fehlen diese Köstlichkeiten. Sie können oft auch separat am Geflügelstand erworben werden: Lebern und Herzen von Hühnern, Enten und Gänsen. Manchmal werden auch Hälse und Mägen feilgeboten. Freunde aromatischer Hühnerbrühe kaufen für ein paar Pfennige sogenanntes Hühnerklein. Ein bis zwei Stunden mit etwas Wurzelwerk leise gekocht, übertrifft diese Brühe jedes Hühnersuppengranulat, jede Geflügelinstantsuppe, jede Hühnerpaste. Brauchen wir jedoch für ein Gericht nur eine kleine Menge Geflügelbrühe, dann sollten wir diese ruhig aus den Industrieprodukten herstellen.
Hähnchen, Ente und Gans sind wohl des Deutschen liebstes Geflügel, gefolgt vom Puter (Truthahn). Aber auch Perlhuhn, Maispoularde, Wachtel, Fasan, Rebhuhn und Wildente sollten Sie nicht links liegen lassen. Wir verraten Ihnen die schönsten Rezepte dafür.

Hühner artgerecht gehalten

Brathähnchen & Co – eine kleine Warenkunde

Brathähnchen, Poularde, Suppenhuhn, Ente, Gans und Wildgeflügel schmecken am besten, wenn sie frisch erworben werden. Achten Sie beim Einkauf auf ein appetitliches Aussehen ohne dunkle Stellen, Hautverletzungen und Reste von Federkielen. Geflügel sollte grundsätzlich nicht zu fett sein. Frisches Geflügel wird meistens ohne Innereien (Leber, Herz, Magen und Hals) angeboten. Bei tiefgefrorener Ware muß vermerkt sein: „ohne Innereien" oder „mit Innereien".

Die Poularde wiegt zwischen 1200 und 2000 Gramm. Das Fleisch ist zart und saftig. Der Brustkorb sollte noch weich und biegsam sein.

Das Huhn

Die Vorfahren unseres Haushuhns sind in Asien beheimatet. Im Laufe der Jahrhunderte kamen immer neue Züchtungen hinzu. Das Huhn dient heute entweder zum Eierlegen oder zur Fleischerzeugung. Die verschiedenen Hühner werden nach ihrer Mästung, das heißt, nach ihrem Gewicht, unterschieden.

Brathähnchen wiegen zwischen 700 und 1200 Gramm. Ein gemästetes Junghuhn wird **Poularde** genannt: sie wiegt zwischen 1200 und 2000 Gramm. Ihr Fleisch schmeckt intensiver als das vom kleineren Brathähnchen. Der selten angebotene **Kapaun** ist ein kastrierter Masthahn, der bis zu 4000 Gramm schwer sein kann. Das **Suppenhuhn** gehört in den Kochtopf; sein Gewicht liegt zwischen 1000 und 2000 Gramm. Die Kochzeit beträgt ein bis drei Stunden. Die appetitlich aussehenden gelben **Maispoularden** sind vorwiegend mit Mais aufgezogen; sie werden am besten gebraten oder gegrillt; ihr Fleisch ist saftig und sehr wohlschmeckend. Ein **Stubenküken** ist ein sehr junges Huhn mit einem Gewicht bis 500 Gramm. Es wird in 25 bis 30 Minuten gebraten oder gegrillt. Früher wurden die Stubenküken in Norddeutschland um Ostern herum in der Küche (= Stube) aufgezogen. Ein Stubenküken reicht für eine Person, ein Hähnchen für zwei Personen, eine Poularde oder ein Kapaun für vier bis sechs Personen.

Die Maispoularde ist eine mit Mais aufgezogene Henne. Das beste Gewicht liegt zwischen 1200 und 1800 Gramm. Das Fleisch schmeckt besonders fein.

Hühner werden inzwischen auch in Teilen angeboten. Die **Hähnchenkeule** (oder Hähnchenschenkel) mit einem Stück Brustfleisch wiegt um die 200 Gramm. Die Bratzeit beträgt 30 Minuten. Sogenannte Babykeulen werden direkt hinter dem ersten Gelenk abgetrennt. Größere Mengen lassen sich gut in der Saftpfanne im Backofen zubereiten (beispielsweise für eine Party). **Hähnchenbrustfilets** werden ohne Haut und Knochen angeboten. Es handelt sich immer um zwei Brustfilets, die aneinander gewachsen sind. (Das ist in diesem Buch gemeint, wenn von einem Hähnchenbrustfilet die Rede ist.) Mitunter wird auch das einzelne, kleinere Filet angeboten. Das Gewicht eines ganzen (doppelten) Hähnchenbrustfilets liegt zwischen 200 und 450 Gramm. Die Koch- und Bratzeit ist mit zwei bis vier Minuten (je nach Dicke des Fleischstücks) recht kurz. Wird das Filet zu lange gegart, schmeckt das Fleisch fest, trocken und zäh.

Hähnchen, Poularden und Suppenhühner werden frisch oder tiefgefroren angeboten.

Hühner- oder Geflügelklein (das sind Flügel, Hälse und Rückgrat mit Fett, Haut und etwas Fleisch) nimmt man zum Kochen einer aromatischen Brühe, und zwar besonders, wenn man kein Fleisch braucht. Es ist frisch wie tiefgefroren preiswert im Handel.

Das **Perlhuhn** ist ein schöner Vogel, sein Gefieder ist schwarzweiß gesprenkelt, obwohl es auch reinweiße Tiere gibt. Ursprüngliche Heimat des Perlhuhns ist Afrika. Es wird heute gezüchtet und nur frisch angeboten. Das Fleisch ist zart und würzig. Das Gewicht des Perlhuhns liegt zwischen 1000 und 1300 Gramm. Wird es zu lange gebraten, wird das Fleisch trocken. Die Garzeit beträgt 30 bis 40 Minuten. Während das Brustfleisch fast weiß ist, ist das der Keulen relativ dunkel. Ein Perlhuhn reicht für zwei bis vier Personen.

Das Perlhuhn wird nur frisch angeboten. Das Fleisch ist zart und aromatisch und ein guter Ersatz für Wildgeflügel.

Die Gans

Dieses für viele Zeitgenossen köstlichste aller Geflügel ist ein Saisonartikel. Sie gehört als Kirchweihgans im Oktober, wenn sie noch nicht so fett ist, ebenso wie zu St. Martin (11. November) auf den Tisch. Die meisten Gänse jedoch brutzeln am Weihnachtstag in deutschen Küchen. Wer's Weihnachten nicht geschafft hat, der kann immer noch versuchen, im Januar einen Gänsebraten auf den Tisch zu bringen. Aber dann heißt es wieder warten – bis zum Herbst oder zum Winter, wenn wieder Gänse in den Handel und auf den Tisch kommen.

Gänse dürfen nicht zu fett sein. Das beste Gewicht liegt zwischen drei und fünf Kilogramm. Im Handel sind **Frühmastgänse** mit einem Gewicht zwischen 2000 und 3000 Gramm, junge Gänse zwischen 3000 und 4000 Gramm und Gänse zwischen 4000 und 7000 Gramm. Verlangen Sie eine junge Gans. Ist das Knorpelstück am unteren Brustwirbel hart statt elastisch, dann handelt es sich um ein älteres Tier, das beim Braten selten weich wird. **Hafermastgänse** werden teilweise im Freiland aufgezogen. Sie werden etwa zwölf Monate alt.

Gänsekeulen sind wie **Gänsebrust** für den kleinen Haushalt gedacht. Beide sollen langsam gegart werden. Die Brat- und Kochzeit richtet sich nach dem Alter der Tiere. Immer liegt sie jedoch über 60 Minuten.

Gänse und Gänseteile werden frisch und tiefgefroren angeboten.

Die Pute

Pute, Puter, Truthahn, Truthenne, Indian: sie haben das ganze Jahr über Saison. Ihr Fleisch ist vielseitig zuzubereiten. Das Gerücht, daß dieser Vogel aus Amerika zu uns gekommen sei, hält sich hartnäckig, obwohl nachweislich bereits die Römer Truthähne gemästet haben. Sie sind das größte Geflügel. Während die **Babyputen** bis zu 3000 Gramm Bratgewicht auf die Waage bringen und bereits sechs Personen sättigen, kann das männliche Tier es auf 25 Kilogramm Lebendgewicht bringen.
Im Handel finden wir neben den ganzen Tieren auch **Putenteile** wie Brust, Ober- und Unterkeulen, Schnitzel, Flügel, Rollbraten. Alle Teile eignen sich zum Braten, Kochen und Schmoren. Ein Putenschnitzel ist bereits in knapp fünf Minuten gar. Die Ober- und Unterkeulen brauchen je nach Größe 50 bis 70 Minuten.
Puten und Putenteile finden Sie frisch und tiefgefroren im Handel.

Nach 8 bis 10 Monaten wiegt eine Ente 1200 bis 1600 Gramm. Sie hat wenig Fettansatz und reicht für zwei Personen. Ältere Enten erreichen ein Gewicht zwischen 1800 und 3500 Gramm.

Die Ente

Ihr liebstes Umfeld ist das Wasser. Sie kam wie das Huhn aus Asien zu uns. Lange Zeit galt die weißgefiederte Ente (**Pekingente**, so heißt nicht nur eine delikate Entenzubereitung aus China, vielmehr ist das auch eine Rassebezeichnung) als das Bratgeflügel schlechthin. Heute werden reinrassige Tiere kaum mehr angeboten. Seit einigen Jahren ist die **Barberie-Ente** (Flugente) der Publikumsliebling. Ihr Fleisch ist dunkler und weniger fest als das der Pekingente. Enten wiegen zwischen 1200 und 3500 Gramm. Die männlichen Tiere sind immer schwerer als die weiblichen. Eine 2-kg-Ente reicht für zwei bis drei Personen, eine 3,5-kg-Ente für vier bis sechs Personen.
Enten werden sowohl frisch als auch tiefgefroren im Handel angeboten.
Die Garzeit für eine Ente liegt je nach Gewicht zwischen 60 Minuten und knapp drei Stunden.
Inzwischen gibt es frisch die besonders begehrte **Entenbrust** mit Haut beim Metzger und im Geflügelhandel. Die Entenbrust kann rosa gebraten serviert werden. Die Bratzeit beträgt in einem solchen Fall 10 bis 15 Minuten.
Eine durchgebratene Entenbrust braucht 25 bis 30 Minuten. **Entenkeulen** garen etwa 40 bis 60 Minuten in der Pfanne, im Backofen oder im Suppentopf.
Wildenten (Krick-, Knäck- und Stockenten) benötigen trotz ihres geringen Gewichts eine Garzeit von 90 und 120 Minuten. Bei einer durchgebratenen Ente ist der austretende Saft hell und die Keule weich, wenn man mit einer Nadel ins Fleisch sticht. Eine junge Ente erkennt man an ihrem elastischen Brustbein. Wildenten werden nur im Winter frisch, das ganze Jahr über aber tiefgefroren angeboten. Das Gewicht liegt bei 800 Gramm. Eine Wildente reicht für zwei nicht sehr hungrige Personen.

Der Fasan

Ein köstlicher Genuß im Herbst ist ein Fasan, er soll aber nicht älter als ein Jahr sein. Heute stammt der Fasan überwiegend aus der Zucht, das erklärt auch, warum wir beim Essen keine Schrotkugeln mehr zwischen unseren

Der Fasan, das Wildgeflügel mit dem edlen Geschmack, wird heute auch schon gezüchtet. Ein Fasan soll nicht älter als ein Jahr sein. Dann sind das Brustbein weich, die Beine grau, die Sporen stumpf.

Wachteln werden heute nicht mehr in freier Natur gejagt sondern gezüchtet. Sie wiegen 170 bis 230 Gramm.

Zähnen finden. Ein Fasan wiegt zwischen 800 und 1000 Gramm. Da das Fleisch sehr mager ist, empfiehlt es sich, die Brust mit dünnen Speckscheiben zu umwickeln. Die Bratdauer liegt bei etwa 60 Minuten. Ältere Tiere brauchen länger. Ein Fasan reicht für zwei Personen.
Fasane werden im Herbst frisch und sonst tiefgefroren angeboten.

Die Wachtel

Auch die kleinen Wachteln werden heute gezüchtet. Für eine Hauptmahlzeit rechnet man zwei bis drei Wachteln. Für eine Vorspeise genügt eine Wachtel. Die Bratzeit beträgt 10 bis 15 Minuten. Das Gewicht liegt zwischen 170 und 230 Gramm.
Wachteln gibt es frisch und tiefgefroren.

Die Taube

Tauben müssen jung sein, wenn sie schmecken sollen. Man erkennt sie an einer weißen Haut, einem dicken Schnabel und hellen Füßen. Die Haut älterer Tiere schimmert dunkel-bläulich, der Schnabel ist dünn und die Füße sind braun-grau. Das Gewicht liegt bei 300 bis 400 Gramm. Eine Taube reicht für eine Person. Die Bratzeit beträgt etwa 20 bis 40 Minuten.
Tauben werden frisch und tiefgefroren angeboten.

Das Rebhuhn

Rebhühner liefern ein saftiges und zartes Fleisch. Dieses Wildgeflügel wird nur von August bis Dezember geschossen und selten angeboten. Ein Rebhuhn wiegt zwischen 300 und 500 Gramm und reicht für eine Person. Die Garzeit liegt bei etwa 20 bis 30 Minuten.

Tiefgefrorenes Geflügel

Für tiefgefrorene Hähnchen sind die Handelsklassen A, B und C festgelegt. Für Hähnchen wurde eine gesonderte Handelsklasse „Extra A" geschaffen. Diese Hähnchen sind vollfleischig, weisen einen geringen Fettansatz, keine Verletzungen oder Gefrierbrand auf. Zulässig sind Federkiele an Halslappen, Flügelspitzen und Fußgelenken. Selten gelangt Geflügel der Klasse B in den Handel. Diese Tiere sind fleischig, der Fettansatz ungleichmäßig. Kleine Verletzungen und vereinzelt Federkiele sind zulässig. Handelsklasse C wird nicht im Handel angeboten.
Tiefgefrorenes Geflügel nimmt man vor dem Auftauen immer aus der Umhüllung und läßt es am besten über Nacht im Kühlschrank auftauen. Das Geflügel sollte dabei auf einem Sieb oder einem Gitter liegen, damit das Fleisch nicht mit der Auftauflüssigkeit in Berührung kommt. Die Auftauflüssigkeit muß immer weggegossen werden.
Man kann Geflügel auch auf kleinster Stufe im Mikrowellenherd auftauen. Beachten Sie dabei die Hinweise des Geräteherstellers.
Beim Waschen, Würzen und Zerteilen des Geflügels sollte man darauf achten, daß keine Spritzer beispielsweise auf daneben stehende Salatsaucen, Salate usw. fallen.
Alle Küchengeräte – Messer, Scheren, Pinsel, Bretter usw. – sowie das Waschbecken müssen nach der Bearbeitung gründlich mit heißem Wasser und Seife gereinigt werden. Auf jeden Fall muß das Geflügel vor der Weiterverarbeitung immer ganz aufgetaut sein.

Unverzichtbare Vorbereitungen

Jedes Geflügel, egal ob tiefgefroren und aufgetaut oder frisch erworben, muß innen und außen unter fließendem Wasser gründlich gewaschen und dann mit Küchenpapier innen und außen trockengetupft werden.
Bei dem meisten Geflügel befinden sich im Bauchraum mehr oder weniger dicke Fettbrocken, die am besten weggeschnitten werden, es sei denn, Sie bevorzugen sehr fettreiche Saucen. Das Fett von Gans und Ente kann auf kleiner Flamme ausgelassen und mit etwas Knoblauch, Apfel und Majoran oder Thymian gewürzt werden. Dieses Schmalz ergibt einen feinen Brotaufstrich, kann aber auch für Bratkartoffeln und zum Backen pikanter Kuchen wie Zwiebelkuchen usw. verwendet werden.
Wird das Geflügel im Ganzen gebraten, wird es innen und außen mit Salz und Pfeffer bestreut.
Sichtbare Federkiele sollten Sie mit einer Pinzette entfernen *(Foto 1)*. Wenn das Geflügel nicht ordentlich gerupft ist, empfiehlt sich das Absengen über der Gasflamme oder über etwas Spiritus *(Foto 2)*.
Mageres Geflügel wie Fasan und Rebhuhn schmecken saftiger, wenn die Brust mit dünnen Speckscheiben umwickelt wird *(Foto 3)*.
Jedes Geflügel kann gefüllt werden, wozu ist denn sonst der hohle Bauch da? Für Geflügelfüllungen gibt es fast unbegrenzte Möglichkeiten. Sie reichen von schlichten Äpfeln bis zu raffiniert gewürzten Zubereitungen aus Brot, Eiern, Sahne, Speck, Rosinen, Kräutern und Weinbrand. Ist das Geflügel gefüllt worden, muß der Bauch mit Küchengarn zugenäht werden.
Wird das Geflügel im Ganzen gebraten, ist es ratsam, es zusammenzubinden oder zu bridieren, wie der Fachmann es nennt, damit alle Teile gleichmäßig gegart werden *(Fotos 4, 5 und 6)*.

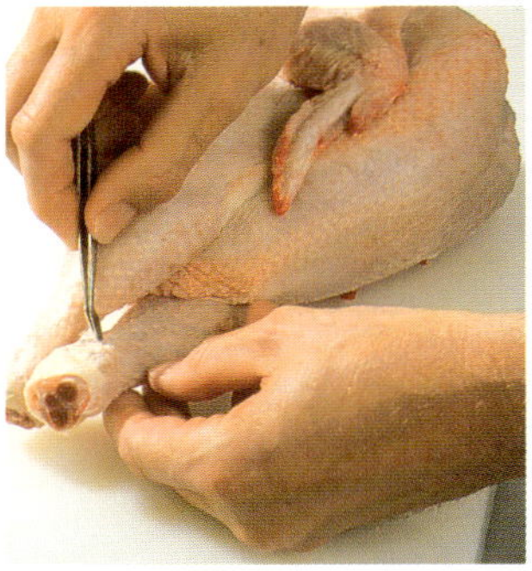

Foto 1:
Restliche Federkiele entfernt man mit einer Pinzette

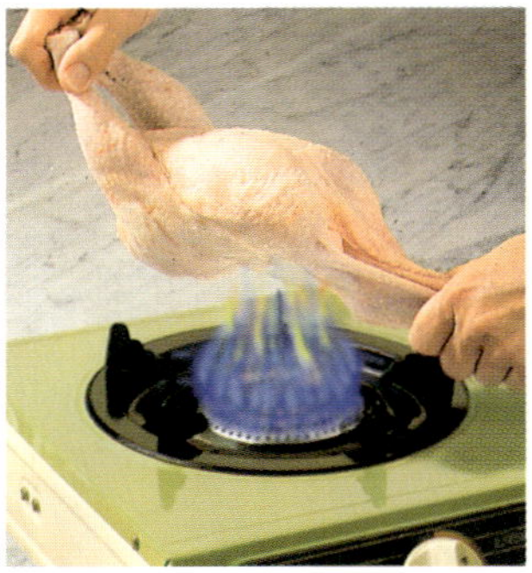

Foto 2:
Geflügel kann auch über offenem Feuer abgesengt werden. Hier wurde Salz mit Spiritus getränkt und angezündet

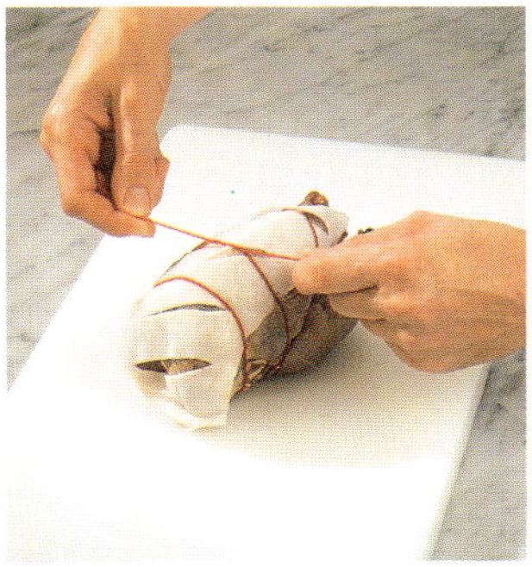

Foto 3:
Ein Fasan wird mit Speck umwickelt, damit das Fleisch beim Braten nicht austrocknet

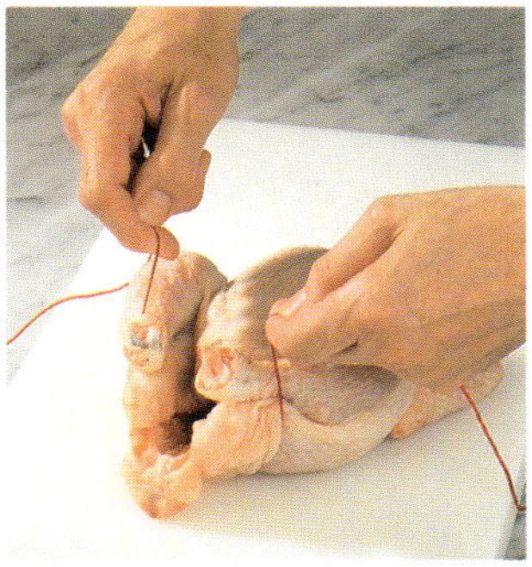

Foto 4:
Das Küchengarn wird unter dem Rücken der Poularde auf der Höhe der Unterschenkel durchgeführt

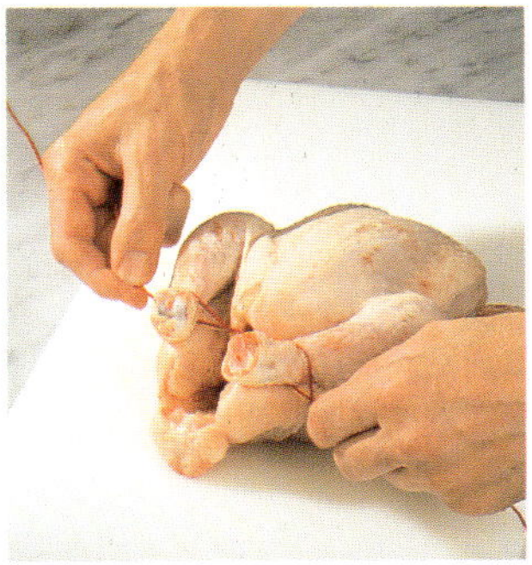

Foto 5:
Man kreuzt es über der Bauchöffnung und führt es unter den Unterschenkeln durch

Foto 6:
An der Seite entlang zieht man das Garn an den Flügeln vorbei nach hinten und verknotet es

Geflügel teilen und tranchieren

Rohes und gebratenes Geflügel wird am besten mit der Geflügelschere oder, wenn diese nicht vorhanden ist, mit einem kräftigen Messer zerteilt. Will man das Geflügel halbieren, schneidet man zuerst am Rückgrat entlang, dann teilt man die Brustseite.

Beim Vierteln wird zusätzlich die Keule mit etwas Brustfleisch abgetrennt.

Will man Geflügel in acht Teile schneiden, dann trennt man das Stück in zwei Unter- und Oberkeulen, zwei Bruststücke, zwei Flügel. Übrigbleibt das Rückgrat für den Suppentopf oder als Grundlage für die Sauce (bei rohem Geflügel).

Für größeres Geflügel wie Ente, Gans und Puter verwenden Sie am besten eine Tranchiergabel und ein elastisches, großes Messer.

Zuerst werden die Keulen am Gelenk abgetrennt. Es folgen die Flügel mit etwas Brustfleisch daran. Mit der Gabel halten Sie nun das Brustfleisch fest und teilen es zum Brustbeinknochen hin in etwa fünf Millimeter dicke Scheiben. Sie können aber auch die Brust im Ganzen vom Knochen trennen und dann in Scheiben schneiden. Die Füllung wird danach vorsichtig entnommen und ebenfalls in Scheiben geschnitten.

Übriggebliebenes gegartes Geflügelfleisch kann für Salate, für belegte Brote oder Einlagen für Pasteten verwendet werden. Mit Saucen läßt sich Geflügelfleisch bis zu zwei Monaten tiefgefrieren.

Gesund und kalorienarm

Der menschliche Organismus braucht zur Aufrechterhaltung all seiner Funktionen eine ganze Reihe von Stoffen, die der Körper nicht selbst herstellen kann. Mageres Geflügelfleisch besitzt eine Menge wichtiger Inhaltsstoffe wie beispielsweise die Vitamine der B-Gruppe, die eine Schlüsselrolle in unserem Stoffwechsel spielen. Der Eiweißgehalt ist mit 18 bis 25 Prozent sehr hoch. Geflügelfleisch enthält darüber hinaus relativ viel Eisen. Und das beste: Der Fettgehalt ist sehr gering. Ausnahmen sind wie gesagt Kapaun fette Ente und Gans. Auch die Hähnchenhaut enthält Fett, aber ansonsten gelten durchschnittlich die folgenden Werte:

100 g Hähnchenfleisch enthalten 150 kcal.
100 g Putenfleisch enthalten 160 kcal.
100 g Entenfleisch enthalten 240 kcal.
100 g Gänsefleisch enthalten 360 kcal.

Tips zum besseren Gelingen

Geflügelfleisch sollte man immer durchbraten. Ausnahmen sind Perlhuhn und Entenbrust, allerdings sollte das Fleisch auch hier nur rosa sein, nicht mehr blutig.
Wenn Sie die Geflügelhaut mit etwas Zitronensaft abreiben, bleibt sie schön hell.
Die Saucen von fettreichem Geflügel wie Ente und Gans sollten der besseren Bekömmlichkeit wegen entfettet werden. Das Fett läßt sich mit einem Löffel abschöpfen oder man stellt die Sauce kalt, bis das Fett erstarrt, dann kann es leicht abgehoben werden.
Wenn Sie bei fettem Geflügel mit einer Nadel die Haut rundherum einstechen, kann das Fett anschließend leichter herausbraten.
Eine Geflügelsuppe bekommt ein besonders feines Aroma, wenn Sie für etwa 20 Minuten eine halbe Zitrone mitkochen.
Die Haut von gebratenem Geflügel wird besonders knusprig, wenn Sie sie etwa 20 Minuten vor Garende mit kaltem Salzwasser bestreichen.
Wenn Sie genügend Zeit haben, können Sie großes Geflügel wie Ente, Gans und Pute auch bei 150 Grad ganz langsam im Backofen braten. Die Bratzeit verlängert sich dadurch um ein bis zwei Stunden. Aber das Ergebnis wird Sie überraschen: das Fleisch ist weich und zart, die Haut wunderbar knusprig.
Geflügel wird zum Braten immer zuerst auf die Brustseite gelegt. Dann wird es etwa alle 20 bis 30 Minuten gewendet und zwischendurch immer wieder mit Bratensaft oder heißem Salzwasser begossen, damit das Fleisch nicht austrocknet.
Geflügel verträgt sich gut mit Wein. Wenn jedoch Kinder mit am Tisch sitzen, sollten Sie die bei unseren Rezepten angegebenen Mengen an Wein, Weinbrand usw. durch Wasser oder Brühe ersetzen.
Wegen der Salmonellengefahr sollten Sie frisches oder aufgetautes Geflügel nicht mit anderen Lebensmitteln zusammen aufbewahren.
Achten Sie beim Kauf von tiefgekühltem Geflügel auf beschädigte Verpackungen sowie Teile mit „Schnee". Beides sollten Sie meiden.

Richtig würzen und braten

Jedes Geflügel ist so neutral, daß Sie es nach Lust und Laune würzen können. Salz und Pfeffer sind unverzichtbare Zutaten, aber versuchen Sie doch einmal so würzige Kräuter wie frischen Thymian und Majoran, Bohnenkraut, Estragon, Zitronenmelisse, Salbei, Kerbel, frisches Koriandergrün, Basilikum, Rosmarin und glatte Petersilie. Viele Kräuter erhalten Sie frisch, viele aber auch getrocknet. Mit getrockneten Kräutern sollten Sie sparsamer umgehen, weil ihr Geschmack intensiver ist.

Experimentieren Sie doch auch einmal mit Senfkörnern, Chilischoten, die es frisch, getrocknet und eingelegt gibt, Currypulver, Piment, Lorbeer, Wacholder, Gewürznelken, Safran und Kümmel. Oder wagen Sie sich an eine Prise Lebkuchengewürz, an Zitronen- und Orangenschale. Der Spruch „Probieren geht über Studieren" ist nämlich durchaus keine leere Floskel.

Geflügel können Sie im Backofen (meist bei 200 Grad) braten. Sie können bei kleinerem Geflügel auch den Grill benutzen. Ideal sind die modernen Herde mit Grill, Umluft und Mikrowelle.

Sie können Geflügel ganz oder in Teilen auf dem Herd braten, schmoren, dämpfen oder dünsten. Als Bratfett eignen sich gute Speiseöle, Butterschmalz, Schweineschmalz und Margarine.

Sie können gewürztes Geflügel auch in Alufolie wickeln, oder im Bratschlauch garen. Sie können im geschlossenen Bräter auf dem Herd und im vorgeheizten Backofen schmoren. Fettsparend und arbeitserleichternd sind Tontöpfe (Römertopf, Schlemmertopf). Kleinere Stücke braten Sie in der Bratpfanne (Hähnchenkeulen, Hähnchen- und Entenbrust, Wachteln, Innereien). Besonders zart wird Geflügel, wenn es auf kleiner Flamme in Wasser (mit Gewürzen) gegart wird. In einer solchen Brühe können Sie beispielsweise auch Nudeln, Reis oder Kartoffeln kochen.

Die ganze Vielfalt des Kräutergartens läßt sich zum Würzen in der Geflügelküche nutzen.

Die kräftige Hühnerbrühe

Für viele Suppen, Saucen und andere Zubereitungen benötigen Sie eine kräftige Hühnerbrühe, die nicht unbedingt aus Pasten, Pulvern oder Granulaten hergestellt sein muß. Für Saucen und schnelle Gerichte sind besonders die fertigen Geflügelfonds geeignet.

Hühnerbrühe können Sie gut im voraus kochen und im Ganzen oder auch im Eiswürfelfach für kleine Portionen einfrieren. So haben Sie immer einen Vorrat.

Für etwa zwei Liter kräftige Hühnerbrühe brauchen Sie folgende Zutaten:

3 l Wasser
1 Poularde oder ein Suppenhuhn oder 1,5 kg Hühnerklein
1½ EL Salz
2 Bund Suppengrün, geputzt und zusammengebunden
2 Lorbeerblätter
1 Zwiebel, mit 2 Gewürznelken gespickt
3 Stengel Petersilie
1 EL Pfefferkörner
4 zerquetschte Wacholderbeeren
3 gewürfelte Tomaten
100 g frische Champignons, blättrig geschnitten
eventuell Kräuter wie Thymian, Majoran, Oregano, Rosmarin usw. frisch oder getrocknet
1–2 Knoblauchzehen nach Geschmack

Zutaten für die Brühe

Das Fleisch muß gründlich gewaschen werden

1. Das Fleisch unter fließendem Wasser gründlich waschen und abtropfen lassen.

2. Dann alle Zutaten mit kaltem Wasser aufsetzen und langsam 2–3 Stunden bei geringer Hitze kochen lassen.

3. Das Fleisch herausnehmen, die Brühe abkühlen lassen und dann durch ein Sieb gießen.

4. Für eine klare Brühe werden zwei Eiweiß mit der kalten Brühe zum Kochen gebracht, die 30–60 Minuten ziehen muß. Anschließend wird sie durch ein Küchentuch gegossen. Wenn auch eine klare Suppe (vielleicht) besser aussieht – wenn alle Schwebstoffe entfernt worden sind, ist auch viel Geschmack entschwunden.

Alle Zutaten werden zusammen erhitzt

Mit der Schaumkelle wird das Fleisch aus der Brühe gehoben

Natürlich können Sie die kräftige Hühnerbrühe auch wunderbar als kleine Zwischenmahlzeit oder als warme Vorspeise servieren. In diesem Fall kann man die klare Brühe mit den verschiedensten Einlagen versehen.

Dazu eignen sich hervorragend die unterschiedlichsten Gemüsesorten. Karotten, Kohlrabi, Lauch und Sellerie schneidet man in Streifen, Rauten oder Würfel oder sticht mit einem Perlausstecher kleine Kugeln aus. Blumenkohl oder Brokkoli werden in kleine Röschen zerteilt. Auch Spargel, Erbsen oder Zuckerschoten lassen sich verwenden. Man gart das Gemüse entweder in etwas Salzwasser oder direkt in der Brühe. Teigwaren, Reis oder ganz einfach ein Eistich sind weitere Einlagen, mit denen sich die Hühnerbrühe vielfältig variieren läßt.

Garen im Wok

Geflügel, besonders Huhn und Ente, sind ein Hauptbestandteil der asiatischen Küche. Deshalb haben wir ihr ein ganzes Kapitel gewidmet. Dort wird zerkleinertes Geflügel und zerkleinertes Gemüse im Wok zubereitet. Wer über dieses Gerät nicht verfügt, benutzt eine Bratpfanne. Die Garzeiten sind dann etwas länger.
Der Wok muß zuerst erhitzt, dann zweimal mit einem guten Öl ausgeschwenkt werden. Erst jetzt wird das für den jeweiligen Garvorgang benötigte Öl hineingegeben und die Zutaten gebraten oder fritiert.
Das Dämpfen ist eine in China sehr beliebte und viel verwendete Zubereitungsmethode. Fleisch und Gemüse werden in bestimmten Behältern oder in einem Sieb über heißem Wasserdampf gegart. Sie können allerdings auch eine Schale oder Tasse ins Wasser stellen und darüber einen Teller mit dem Dämpfgut geben. Dabei sollte man den Topf oder den Wok abdecken und so wenig wie möglich den Deckel heben.

Fleisch und Gemüse werden im Wok fritiert

Ein Wok muß zweimal mit Öl ausgeschwenkt werden

Eine Hähnchenkeule wird im Wok gedämpft

Kalte Platten, Salate und Snacks

Sie sind eine Bereicherung für jedes Büfett: phantasievoll garnierte kalte Platten mit Geflügelfleisch und Obst. Die folgenden Seiten zeigen Ihnen, wie es gemacht wird. Köstlich, leicht und erfrischend anders schmeckt ein einfacher Tomatensalat oder ein Sandwich mit feinem Geflügelfleisch. Raffiniert, aber preiswert sind die Salate mit Innereien, vitaminreich die Sülze und die kalten Suppen, und mit den feinen Terrinen erfreuen Sie eine große Schar hungriger Gäste.

Garnierte Ente mit Mango und Waldorfsalat,
Rezept Seite 24

Garnierte Ente mit Mango und Waldorfsalat

Für 8 Portionen

1 küchenfertige Ente
(etwa 1400 g)
Salz
Pfeffer aus der Mühle
3 EL Butterschmalz
oder Öl
4 Entenbrüste (à etwa 200 g)

Garnitur:
200 ml Geflügelfond
(Fertigprodukt)
3 Blatt weiße Gelatine
Salz
Pfeffer aus der Mühle
etwas Rotweinessig
200 g Waldorfsalat
(Fertigprodukt)
2 Orangen
4 rote Belegkirschen
etwas Zitronat am Stück
250 g blaue Trauben
3 reife Mangos

1. Die Ente innen und außen unter fließendem Wasser abspülen und trockentupfen.
2. Anschließend innen und außen salzen und pfeffern. Dann mit Küchengarn zusammenbinden, damit die Ente beim Braten die Form behält.
3. Das Butterschmalz in einem Bräter im 200° C heißen Backofen erhitzen und die Ente darin auf jeder Seite 5 Minuten anbraten. Auf den Rücken legen und bei 180° C 20 Minuten im offenen Topf braten. Alle 10 Minuten mit etwas Bratensaft begießen.
4. Die Entenbrüste ebenfalls gut waschen, trockentupfen, salzen und pfeffern. Mit der Hautseite zur Ente in den Bräter legen und 10 Minuten mitbraten, Ente und Entenbrust wenden und weitere 10 Minuten braten. Herausnehmen und abkühlen lassen. Das Küchengarn entfernen.
5. Den Rücken der Ente glatt schneiden, so daß sie gut aufliegt. Mit einem scharfen Messer die beiden Brustfilets abtrennen und jeweils in 12 dünne Scheiben schneiden.
6. Den Geflügelfond erhitzen. Die Gelatine in kaltem Wasser 10 Minuten einweichen, ausdrücken und in dem heißen Fond auflösen. Den Fond mit Salz, Pfeffer und Rotweinessig abschmecken, kalt stellen. Die Ente auf eine große Servierplatte legen.
7. Mit dem Waldorfsalat die ursprüngliche Entenbrustform wieder herstellen und die Entenbrustscheiben, mit der kleinsten hinten beginnend, leicht überlappend auf den Waldorfsalat legen. Die einzelnen Scheiben mit dem bereits gelierenden Fond bestreichen, damit sie gut haften.
8. Die Orangen schälen, dann filetieren. Die Filets auf die Ente legen, mit den Kirschen und dem in Blattform geschnittenen Zitronat garnieren.
9. Die vier Entenbrüste schräg in ebenfalls gleichmäßig dünne Scheiben schneiden und auf der Platte anordnen. Das Entenfleisch mit etwas Fond bestreichen.
10. Die gewaschenen Trauben auf die Platte legen. Die Mangos schälen, in Spalten vom Kern schneiden, und die Platte damit ansprechend garnieren.
(Foto Seite 22/23)

Hähnchenbrustsalat mit Mandeln und Spargel

Für 4 Portionen

2 Hähnchenbrustfilets
1 EL kaltgepreßtes Olivenöl
Salz
Pfeffer aus der Mühle
500 g grüner Spargel
5 Frühlingszwiebeln

Sauce:
2–3 EL Sherryessig
4 EL kaltgepreßtes Olivenöl
Salz
Pfeffer aus der Mühle
1 Msp. Cayennepfeffer

außerdem:
40 g gehackte Mandeln
2 EL Sesam
1 Bund Petersilie

1. Die Hähnchenbrustfilets unter fließendem Wasser waschen und trockentupfen. Das Olivenöl erhitzen und das Fleisch darin auf jeder Seite 3–4 Minuten (je nach Dicke) braten, salzen und pfeffern. Die abgekühlten Filets in Streifen schneiden.
2. Den Spargel nur am unteren Drittel schälen und in Salzwasser knapp gar kochen. Die geputzten Frühlingszwiebeln fein hacken (nur der weiße und hellgrüne Teil wird verwendet).
3. Für die Sauce Essig, Öl sowie 3 Eßlöffel Spargelwasser, Salz, Pfeffer und Cayennepfeffer mischen. Das Fleisch mit den gehackten Frühlingszwiebeln und der Sauce vermengen.
4. Die Mandeln in einer Pfanne ohne Fett goldbraun rösten, abkühlen lassen und mit dem Sesam unter den Salat mischen.
5. Den Salat vor dem Servieren bei Zimmertemperatur 30 Minuten durchziehen lassen.
6. Den durchgezogenen Salat mit den gekochten Spargelstangen auf 4 Tellern anrichten und mit der gehackten Petersilie bestreuen.
(Foto Seite 25)

Hähnchenbrust mit Leberschaum, bunt garniert

Für 8 Portionen

- *4 Hähnchenbrustfilets*
- *2 EL Butterschmalz*
- *4 cl Weinbrand*
- *Salz*
- *Pfeffer aus der Mühle*

Leberschaum:

- *1 kleine Dose Gänseleberparfait*
- *100 g Doppelrahmfrischkäse*
- *2 cl Weinbrand*
- *Salz*
- *Pfeffer aus der Mühle*
- *einige Tropfen Tabasco*

Garnitur:

- *1 Apfel*
- *4 blaue Weintrauben*
- *1 Kiwi*
- *2 Orangen*
- *1 kleine Dose Champignons*
- *1 kleines Glas Spargel*
- *1 große Tomate*
- *verschiedene Gemüse wie Blumenkohl, Paprika, Möhren, Gurke, Zucchini, Radieschen*
- *Kresse*

1. Die Hähnchenbrustfilets waschen, trockentupfen und halbieren. In dem heißen Butterschmalz auf jeder Seite 2–3 Minuten (je nach Dicke) braten, mit dem Weinbrand übergießen, einkochen lassen, salzen und pfeffern.

2. Die Linienführung der Platte mit dem Gemüse und der Hälfte der erkalteten Filets festlegen *(Foto Seite 26 oben)*. 3 weitere Filethälften auf die Platte legen *(Foto Seite 26 Mitte)*, die 4. in dünne Scheiben schneiden.

3. Für den Leberschaum alle Zutaten gut miteinander verrühren und in einen Spritzbeutel füllen. Die Hähnchenbrustfilets damit garnieren. Etwas Leberschaum für die Tomate zurückbehalten.

4. Den Apfel in Schnitze schneiden, das Kerngehäuse herausschneiden. Die Weintrauben waschen, halbieren und entkernen. Die Kiwi schälen, in Scheiben schneiden, dann halbieren. Die Orangen waschen, eine Orange in schmale Spalten, die andere Orange in dünne Scheiben schneiden.

5. Die Filets sowie die Platte nun mit dem Obst garnieren *(Foto Seite 26 unten).*

6. Die Champignons abgießen und in dünne Scheiben schneiden. Den Spargel ebenfalls abgießen und einmal quer halbieren.

7. Die Tomate zackenförmig halbieren und aushöhlen, mit dem restlichen Leberschaum, den Filetscheiben, den Champignons, den Spargelstangen und der Kresse füllen. In die Mitte der Platte setzen. *(Foto Seite 26/27)*

DER GUTE TIP

Mit dem Leberschaum können auch sechs hartgekochte Eier garniert werden. Das geht so: Die Eigelbe werden durch ein Sieb gestrichen, mit dem Parfait und – statt des Doppelrahm-Frischkäses – mit 2–3 Eßlöffel süßer Sahne verrührt und anschließend mit dem Spritzbeutel in die Eiweißhälften gespritzt.

Geräucherte Hähnchenbrust auf Tomatensalat mit Basilikum-mayonnaise

Für 4 Portionen

1 kg Tomaten
Salz
Pfeffer aus der Mühle
2 Zwiebeln
1 geräucherte Hähnchenbrust

Mayonnaise:
100 g Delikateßmayonnaise
1–2 EL Zitronensaft
3–4 EL süße Sahne
1 Msp. Curry
Salz
Pfeffer aus der Mühle
1 feingehackte Knoblauchzehe
1 Bund Basilikum

außerdem:
25 g Pinienkerne

1. Die Tomaten waschen und trockenreiben. Dann halbieren, den Stielansatz entfernen und die Tomaten in dünne Scheiben schneiden.

2. Die Tomatenscheiben auf 4 Tellern dachziegelartig übereinanderlegen, mit Salz und Pfeffer würzen.

3. Die Zwiebeln schälen und in feine Ringe schneiden. Über die Tomatenscheiben legen.

4. Die Hähnchenbrust vom Knochen lösen, die Haut abziehen. Das Brustfleisch in dünne Scheiben schneiden und auf den Tomatensalat legen.

5. Aus der Mayonnaise, dem Zitronensaft, der Sahne sowie den Gewürzen die Sauce verrühren.

6. Die Basilikumblätter vorsichtig waschen, trocknen und fein hacken, mit der Mayonnaise mischen und löffelweise über die geräucherten Hähnchenbrustscheiben geben.

7. Die Pinienkerne in einer heißen Pfanne ohne Fett rundherum goldbraun rösten und über die Basilikummayonnaise streuen. Dazu schmecken knusprig gebackene Vollkornbrötchen.
(Foto Seite 28)

DER GUTE TIP

Mitunter werden auch ganze geräucherte Hähnchen angeboten. Dann reicht die Menge für 8 Personen als Vorspeise oder wird ein Hauptgericht für 4 Personen.
Statt der geräucherten Hähnchenbrust kann auch geräucherte Putenbrust oder geräucherte Entenbrust verwendet werden.

Hähnchenbrust-Sandwich mit Mango

Für 2 Portionen

4 Scheiben Vollkorntoast ohne Rinde
1 Hähnchenbrustfilet
1 EL Butterschmalz
Salz
Pfeffer aus der Mühle
1 reife Mango

Käsecreme:
60 g Roquefortkäse
50 g Crème fraîche
1 EL Delikateßmayonnaise
Salz
einige Tropfen Tabasco
1 EL gehackte Pistazien

Garnitur:
4 Scheiben Bündner Fleisch
Mayonnaise aus der Tube
4 ganze Pistazien

1. Die Brotscheiben zwischen Klarsichtfolie mit einem Nudelholz dünn ausrollen, beiseite stellen.
2. Das gewaschene und trockengetupfte Hähnchenbrustfilet in dem heißen Butterschmalz auf beiden Seiten 2–3 Minuten (je nach Dikke) braten, salzen und pfeffern, aus der Pfanne nehmen und abkühlen lassen.
3. Die Mango schälen, halbieren, entkernen und anschließend in dünne Scheiben schneiden.
4. Für den Brotaufstrich den Roquefortkäse durch ein Sieb streichen und mit den restlichen Zutaten zu einer glatten Creme verrühren.
5. Die ausgerollten Brotscheiben mit der Käsecreme bestreichen und mit den Mangoscheiben belegen. Das Hähnchenbrustfilet schräg in dünne Scheiben schneiden und auf die Mangoscheiben legen, mit der anderen Brotscheibe abdecken und leicht andrücken.
6. Jedes Sandwich diagonal einmal durchschneiden, jedes Dreieck mit einer aufgerollten Scheibe Bündner Fleisch belegen, mit einem Klecks Mayonnaise und den ganzen Pistazien garnieren.
(Foto Seite 29)

DER GUTE TIP

Das Sandwich ist als leichter Imbiß für 2 Personen gedacht. Als Vorspeise reicht es jedoch für 4 Personen.
Statt der Mango kann auch eine reife Papaya verwendet werden.

Geflügelsalat mit Hering

Für 2 Portionen

100 g gekochtes oder gegrilltes Hähnchenfleisch (Rest)
1 Bismarckhering
1 Salzgurke
200 g gekochte Pellkartoffeln
1 Tasse TK-Erbsen und Karotten
1 Rote Bete oder 1 kleines Glas Rote Bete

Sauce:
1 EL Mayonnaise
2 EL saure Sahne
1–2 EL mittelscharfer Senf
2–3 EL Zitronensaft
1 Msp. gemahlener Kümmel
Salz
Pfeffer aus der Mühle
1 gute Prise Zucker

außerdem:
3 Stengel Petersilie

1. Das Hähnchenfleisch in möglichst dünne Scheiben schneiden.
2. Den Hering unter fließendem Wasser abspülen, mit Küchenpapier trockentupfen, längs halbieren und in dünne Streifen schneiden.
3. Salzgurke und Kartoffeln ebenfalls in dünne Scheiben schneiden.
4. Die tiefgekühlten Erbsen und Karotten in wenig Salzwasser nach Packungsvorschrift garen und abkühlen lassen.
5. Die Rote Bete in 2 Tassen Wasser weich kochen. Gummihandschuhe anziehen und die Schale der Roten Bete abziehen (der Saft der Roten Bete ist sehr farbintensiv; auch die Kleidung sollte geschützt werden). Rote Bete aus dem Glas abtropfen lassen. Dann das Fruchtfleisch in Streifen schneiden.
6. Sämtliche Salatzutaten ansprechend auf einem großen Teller anordnen.
7. Aus den Zutaten für die Sauce eine glatte Creme rühren, kräftig abschmecken und über die Salatplatte gießen.
8. Zum Schluß mit der feingehackten Petersilie bestreuen.
Dazu schmeckt ein gebuttertes Vollkornbrot und ein kühles Bier.
(Foto Seite 30/31 links)

Geflügelsalat mit Muscheln

Für 2 Portionen

200 g gekochtes oder gegrilltes Hähnchenfleisch
4 frische Champignons
1 reifer Pfirsich
5 Frühlingszwiebeln
1 kleines Glas Erbsen und Karotten
125 g Muschelfleisch im eigenen Saft aus der Dose

Sauce:
150 g Joghurt
2 EL Crème fraîche
2 EL Tomatenketchup
1 TL Johannisbeergelee oder Cumberlandsauce
2 EL Zitronensaft
1 Msp. Curry
einige Tropfen Tabasco
einige Spritzer Worcestersauce
Salz
Pfeffer aus der Mühle
etwas frisch gehackte Petersilie

1. Das Hähnchenfleisch in dünne Scheiben oder Streifen schneiden.
2. Die geputzten Champignons, den gewaschenen, geviertelten und entkernten Pfirsich und die geputzten Frühlingszwiebeln (nur der weiße und hellgrüne Teil wird verwendet) ebenfalls in Scheiben schneiden.
3. Die Erbsen und Karotten sowie die Muscheln abgießen und gut abtropfen lassen.
4. Alle Zutaten auf einer Platte anrichten.
5. Aus den restlichen Zutaten eine glatte Sauce rühren, dann würzig abschmecken und über den Salat gießen.
Dazu passen gebutterte Toastscheiben.
(Foto Seite 30/31 rechts)

Geflügelsalat mit Krabben

Für 6 Portionen

200 g gekochte Hähnchenkeulen ohne Haut und Knochen
100 g gekochte Nordseekrabben
100 g gekochter Schinken
2 Tomaten
1 reife Avocado
1 kleine Fenchelknolle
150 g gekochter Reis

Sauce:

150 g saure Sahne
3 EL Mayonnaise
1 EL Tomatenketchup
2–3 EL Zitronensaft
1 TL Curry
4 cl Amaretto (Mandellikör)
Salz
einige Spritzer Tabasco

außerdem:

40 g gehobelte Mandeln
6 Salatblätter

1. Das Hähnchenfleisch in schmale Streifen schneiden und in eine Schüssel geben. Die gut abgetropften Krabben hinzufügen.
2. Den Schinken vom Fettrand befreien, anschließend ebenfalls in schmale Streifen schneiden, zum Hähnchenfleisch geben.
3. Die Tomaten waschen, den Stielansatz herausschneiden, achteln; die Avocado halbieren, entkernen, schälen und würfeln. Die Fenchelknolle putzen und in dünne Scheiben schneiden. Etwas frisches Fenchelgrün zusammen mit dem zerkleinerten Gemüse und dem gekochten Reis zu den anderen Salatzutaten in die Schüssel geben.
4. Aus den Zutaten für die Sauce eine glatte Creme rühren, abschmecken, über die Salatzutaten gießen, vorsichtig, aber gründlich mischen und anschließend 30 Minuten ziehen lassen.
5. Die Mandelblättchen in einer Pfanne ohne Fett goldgelb rösten und zum Schluß über den bunten Geflügelsalat streuen. Auf den Salatblättern anrichten.

Gänseleber mit Zucchini

Für 4 Portionen

150 g Gänseleber
1 EL Butterschmalz
Salz
Pfeffer aus der Mühle
400 g Zucchini
2–3 EL süße Sahne
1 kleines Glas Pfifferlinge
2 Schalotten

Sauce:
2 EL Walnußöl
1 EL Traubenkernöl
2 EL Sherryessig
4 cl halbtrockener Sherry (Amontillado)
Salz
Pfeffer aus der Mühle

1. Die Gänseleber waschen und trockentupfen. Im heißen Butterschmalz rundherum insgesamt 5–7 Minuten braten, herausnehmen, salzen, pfeffern und beiseite stellen.
2. Die Zucchini putzen und in fingerdicke Streifen schneiden. In die Pfanne, in der die Leber gegart wurde, legen, mit der Sahne begießen und schmoren lassen.
3. Nach 3 Minuten die abgetropften Pfifferlinge dazugeben und weiter auf kleiner Flamme schmoren lassen.
4. Die Schalotten schälen und fein hacken, in die Pfanne geben und alles gründlich mischen. Anschließend in einer Schüssel abkühlen lassen.
5. Die Leber zuerst in Scheiben, dann in Streifen schneiden, zu den anderen Salatzutaten geben und vermengen.
6. Aus den restlichen Zutaten die Sauce rühren, abschmecken, über den Salat gießen und mischen. Vor dem Servieren 15 Minuten durchziehen lassen.
Dazu passen geröstete Weißbrotscheiben mit Knoblauchbutter.
(Foto Seite 32)

Geflügelherzen auf Mangold

Für 4 Portionen

1 Mangold (etwa 400 g)
400 ml Geflügelfond
10 Frühlingszwiebeln
250 g Hühnerherzen
1 EL Butterschmalz
2 cl halbtrockener Sherry (Amontillado)
Salz, Pfeffer aus der Mühle

Sauce:
5 EL kaltgepreßtes Olivenöl
3 EL Sherryessig
1 Prise Zucker
Salz
einige Spritzer Tabasco
frisch geriebene Muskatnuß

außerdem:
12 Kirschtomaten

1. Den Mangold putzen und sowohl die Blätter wie die Stiele in Streifen schneiden. In dem erhitzten Geflügelfond zuerst die Stiele 5 Minuten kochen, danach die kleingeschnittenen Blätter dazugeben und weitere 5 Minuten kochen, abgießen und abkühlen lassen.
2. Die Frühlingszwiebeln putzen und grob schneiden (nur der weiße und hellgrüne Teil wird verwendet). Die Hühnerherzen waschen und mit Küchenpapier trockentupfen.
3. Das Butterschmalz in einer Pfanne erhitzen und die Zwiebeln darin kurz dünsten, die Herzen hinzufügen und weitere 10 Minuten schmoren lassen. Mit dem Sherry ablöschen, dann salzen und pfeffern.
4. Den Mangold mit dem Zwiebel-Herzen-Gemisch auf 4 Tellern verteilen.
5. Aus den angegebenen Zutaten die Sauce herstellen, abschmecken und über die 4 vorbereiteten Salatteller gießen.
6. Die Tomaten waschen, abtropfen lassen, quer halbieren und damit die Geflügelherzen auf Mangold garnieren.
Dazu schmecken knusprige Brotstangen (Grissini).
(Foto Seite 33)

Maispoularde in Weingelee

Für 12 Portionen

1 Maispoularde
1 Bund Suppengrün
3 Lorbeerblätter
1 EL Pfefferkörner
1 Zwiebel mit
1 Gewürznelke gespickt
3 Rinderknochen
1 EL Salz
1 Glas trockener Weißwein
2 Eiweiß

Gelee:

9 Blatt weiße Gelatine
1 Glas trockener Weißwein
Salz
Tabasco
Weißweinessig nach
Geschmack

außerdem:

3 Karotten
1 Kohlrabi
1 grüne Paprikaschote
1 rote Paprikaschote
1 EL Salz

1. Die Poularde innen und außen unter fließendem Wasser gründlich waschen, mit Küchenpapier trockentupfen.

2. Das Suppengrün putzen, schälen und grob würfeln. Mit den anderen Zutaten (bis auf das Eiweiß) und der Poularde in einen ausreichend großen Topf geben und mit Wasser abdecken, zum Kochen bringen und 60 Minuten leise kochen lassen. Den am Anfang auftretenden Schaum abschöpfen.

3. Die Poularde aus dem Topf in einen Teller geben und abkühlen lassen. Die Brühe durch ein Leinentuch in einen weiteren Topf gießen. Das Eiweiß in die Brühe rühren und langsam zum Kochen bringen. Die Brühe 30 Minuten leise ziehen lassen. Dann erneut durch ein Leinentuch gießen. Gebraucht werden gut ¾ l Brühe. Eventuell durch Einkochen noch weiter reduzieren.

4. Die Gelatine in kaltem Wasser 10 Minuten einweichen, dann ausdrücken und in der heißen Brühe gründlich auflösen. Die Brühe mit dem Weißwein, dem Salz, einigen Spritzern Tabasco und etwas Weinessig sehr kräftig würzen. Da das Gelee, wenn es erstarrt ist, viel von der Würzung verliert, sollte die Brühe sehr kräftig schmecken.

5. Die Poularde von den Knochen lösen, die Haut entfernen, das Fleisch in Streifen schneiden.

6. Das Gemüse putzen und schälen. Die Möhre in dünne Scheiben schneiden, das restliche Gemüse fein würfeln. In einen Topf geben, mit dem Salz bestreuen und zur Hälfte mit Wasser auffüllen. Anschließend 10 Minuten kochen, dann das Gemüse abgießen und abtropfen lassen.

7. 12 kleine Förmchen oder Kaffeetassen zu einem Viertel mit Brühe auffüllen, etwas Poulardenfleisch dazugeben und kalt stellen. Nach etwa

30 Minuten abwechselnd das Gemüse und das restliche Poulardenfleisch hinzufügen und anschließend die Förmchen mit der Brühe auffüllen.
8. Am besten über Nacht durchkühlen lassen. Zum Stürzen taucht man die Förmchen kurz in heißes Wasser.
Dazu paßt eine Kräutersauce aus Mayonnaise, Joghurt und vielen frisch gehackten Kräutern sowie ein knusprig-frisches Baguette.
(Foto Seite 34)

Hähnchenleber auf Apfelsalat

Für 2 Portionen

250 g Hähnchenleber
5 cl Weinbrand
1 EL Butter
1 TL Maiskeimöl
Salz
Pfeffer aus der Mühle
2 rote Zwiebeln
1 EL Maiskeimöl
1 TL brauner Zucker
2 rotschalige Äpfel
3 EL Apfelessig
3 EL flüssiger Honig
einige Spritzer Tabasco
100 g Feldsalat

Sauce:
3 EL Maiskeimöl
1 EL Apfelessig
1 TL flüssiger Honig
Salz
Pfeffer aus der Mühle

außerdem:
2 EL Pinienkerne

1. Die Hähnchenlebern putzen, waschen und trockentupfen. Anschließend für mindestens 60 Minuten in dem Weinbrand marinieren.
2. Die abgetropften Lebern in dem heißen Gemisch aus Butter und Maiskeimöl rundherum sachte 7–8 Minuten braten, mit der aufgefangenen Weinbrandmarinade ablöschen und einkochen lassen. Die Hähnchenlebern mit Salz und Pfeffer würzen, beiseite stellen.
3. Die Zwiebeln schälen und in dünne Ringe schneiden. In 1 Eßlöffel Maiskeimöl weich schmoren, ohne daß sie Farbe annehmen. Mit dem Zukker vermischen, salzen und beiseite stellen.
4. Die gewaschenen Äpfel vierteln, das Kerngehäuse entfernen, die Viertel in dünne Scheiben schneiden.
5. Apfelessig und Honig verrühren, mit Tabasco würzen und über die Apfelscheiben gießen.
6. Den Feldsalat putzen und gründlich waschen, abtropfen lassen und auf 2 großen Tellern verteilen.
7. Die Apfelscheiben darüber geben. Die Lebern in mundgerechte Stücke schneiden, auf die Äpfel setzen und mit den Zwiebeln bedecken.
8. Für die Sauce alle Zutaten verrühren und über die Salatteller gießen.
9. Vor dem Servieren mit Pinienkernen bestreuen.
Dazu schmeckt ofenwarmes Baguette.
(Foto Seite 35)

Geflügelleber-terrine

Für 12–16 Portionen

750 g Hühnerleber
250 g Puten- oder Entenleber
4 cl Weinbrand
1 EL Butter
300 ml süße Sahne
1 TL frische Thymianblättchen
3 Eier
Salz
Pfeffer aus der Mühle
1 Msp. Curry
1 Msp. Kardamom
etwa 250 g dünne Speckscheiben

1. Die Lebern säubern, waschen und trockentupfen, kalt stellen. Die gut gekühlte Hühnerleber im Mixer pürieren, erneut kalt stellen.
2. Die Puten- oder Entenleber mit dem Weinbrand übergießen und kalt stellen. Nach 30 Minuten herausnehmen und in der Butter sachte auf beiden Seiten 3 Minuten braten, mit dem Weinbrand ablöschen und einkochen, dann abkühlen lassen.
3. Die Sahne mit den Thymianblättchen, den Eiern, Salz, Pfeffer, Curry und Kardamom verrühren und mit der Hühnerleber mischen, abschmecken und kalt stellen.
4. Eine ofenfeste Form (2 l) mit den dünnen Speckscheiben auskleiden, die Lebercreme zur Hälfte hineingeben, die Puten- oder Entenleber in die Mitte setzen und mit der restlichen Farce bestreichen. Die überlappenden Speckscheiben darüber zusammenfalten.
5. Die Form mit einem Deckel oder mit Alufolie schließen und im Wasserbad im 175° C heißen Backofen etwa 65 Minuten garen. Über Nacht auskühlen lassen, aus der Form lösen und in Scheiben schneiden.
Dazu paßt eine der auf dieser und der nächsten Seite vorgestellten Saucen.
(Foto Seite 37 oben)

Terrine von Barberieenten

Für 12–16 Portionen

2 Barberieenten
2 EL Butterschmalz
3 cl Weinbrand
250 g Speckscheiben
10 g getrocknete chinesische Pilze (Mu-Err)
300 ml süße Sahne
3 Eier
Salz, Pfeffer aus der Mühle

1. Die Enten unter fließendem Wasser innen und außen gründlich waschen und trockentupfen. Das Fleisch von den Knochen schneiden, die Haut entfernen, sie wird nicht benötigt.
2. 2 Entenbrüste in dem heißen Butterschmalz von beiden Seiten je 2 Minuten anbraten, kalt stellen.
3. Das andere Entenfleisch anfrosten und dann durch die grobe Scheibe des Fleischwolfs drehen.
4. Eine ofenfeste Terrine (2 l) mit den Speckscheiben auskleiden.
5. Die Pilze in lauwarmem Wasser 15 Minuten einweichen, abtropfen lassen und in feine Streifen schneiden.
6. Die Sahne mit den Eiern mischen, das zerkleinerte Fleisch dazugeben, alles pürieren und mit Salz und Pfeffer abschmekken. Die Pilzstreifen unterheben.
7. Die Hälfte der Farce in die Form geben, die beiden Entenbrüste hineinlegen, die restliche Farce darüberstreichen. Die Terrine mit den überlappenden Speckscheiben abdecken.
8. Im Wasserbad im 175° C heißen Backofen etwa 65 Minuten garen. Über Nacht auskühlen lassen, dann aus der Form lösen und in Scheiben schneiden.
Dazu schmeckt eine der auf dieser und der nächsten Seite vorgestellten Saucen.
(Foto Seite 37 unten)

Senfsauce

Für 12 Portionen

1 EL Senfkörner
3 EL Dijonsenf
2 EL Weißweinessig
1 EL Distelöl
200 g süße Sahne
200 g Crème fraîche
Salz
1 Prise Zucker
Pfeffer aus der Mühle

1. Die Senfkörner im Mörser zerquetschen.
2. Die restlichen Zutaten gut miteinander verrühren, die Senfkörner hinzufügen und die Sauce kalt stellen.

Orangensauce

Für 12 Portionen

6 unbehandelte Orangen
100 g brauner Zucker
2 EL grüne Pfefferkörner

1. Mit einem Juliennereißer von zwei Orangen dünne Streifen abziehen. Die restlichen Orangen auspressen und den Saft mit der Schale zum Kochen bringen, 5 Minuten einkochen lassen.
2. Den Zucker hinzufügen und so lange weiter kochen lassen, bis die Sauce leicht dickflüssig ist, mit den Pfefferkörnern mischen und kalt stellen.

Kräuter-Sahne-Sauce

Für 12 Portionen

2 Päckchen italienische Kräuter (TK-Produkt)
1 Bund Schnittlauch
200 g süße Sahne
200 g Crème fraîche
2 EL Sonnenblumenöl
2–3 EL Zitronensaft
Salz
1 Prise Zucker
Pfeffer aus der Mühle

1. Die TK-Kräuter antauen lassen. Den gewaschenen Schnittlauch in feine Röllchen schneiden.
2. Die süße Sahne mit der Crème fraîche verrühren, die Kräuter sowie die restlichen Zutaten hinzufügen und gründlich mischen, abschmecken und kalt stellen.

Perlhuhnterrine

Für 12–16 Portionen

2 Perlhühner
4 cl weißer Portwein
250 g Speckscheiben
300 ml süße Sahne
3 Eier
Salz
Pfeffer aus der Mühle
frisch geriebene Muskatnuß
2 EL rosa Pfefferkörner

1. Die Perlhühner unter fließendem Wasser innen und außen gründlich waschen und trockentupfen.
2. Das Fleisch von den Knochen schneiden, die Haut entfernen. Sie wird nicht benötigt. Eine Brusthälfte sowie das Keulenfleisch würfeln und mit dem Portwein übergießen, im Kühlschrank ziehen lassen.
3. Das restliche Fleisch anfrosten. Eine ofenfeste Form (2 l) mit den Speckscheiben auskleiden.
4. Die Sahne mit den Eiern verquirlen und kalt stellen. Das angefrostete Fleisch durch die grobe Scheibe des Fleischwolfs drehen, mit Salz, Pfeffer und Muskat würzen und mit der Sahne-Eier-Mischung pürieren, das marinierte Fleisch mit den Pfefferkörnern dazugeben und abschmecken.
5. Diese Farce in die Terrine geben, mit den überlappenden Speckscheiben abdecken und im heißen Wasserbad im Backofen bei 175° C etwa 65 Minuten garen. Über Nacht auskühlen lassen, dann stürzen und in Scheiben schneiden.
Mit einer der auf dieser und der vorangegangenen Seite vorgestellten Saucen servieren.

Kalte Selleriesuppe

Für 2 Portionen

1 kleine Sellerieknolle (etwa 200 g)
2 Frühlingszwiebeln
2 Stangen Bleichsellerie
2 EL Butter
½ l kräftige Hühnerbrühe (siehe Seite 20)
150 g Crème fraîche
Selleriesalz
frisch geriebene Muskatnuß
einige Tropfen Worcestersauce
½ Kästchen Kresse

1. Die Sellerieknolle waschen und ungeschält in 25 Minuten gar kochen.
2. Die Frühlingszwiebeln putzen und hacken (nur der weiße und hellgrüne Teil wird verwendet).
3. Die Selleriestangen abfädeln und in dünne Scheiben schneiden.
4. Die Butter erhitzen und die Frühlingszwiebeln sowie die Selleriescheibchen darin 10 Minuten dünsten, die Hühnerbrühe dazugießen und 15 Minuten kochen lassen.
5. Die weichgekochte Sellerieknolle schälen und grob würfeln, in die Suppe geben und alles mit dem Pürierstab mixen. Die Crème fraîche dazugeben, würzen und kalt stellen. Vor dem Servieren mit Kresse garnieren.
(Foto Seite 38)

DER GUTE TIP

Statt der Sellerieknolle und dem Bleichsellerie kann diese erfrischende Suppe auch mit 300 g Möhren oder Blumenkohl oder einer Mischung aus je 100 g Möhren, Sellerie und Lauch hergestellt werden.
Soll die Cremesuppe warm serviert werden, geben Sie einige Streifen geräucherten Schinken dazu.

Kalte Tomatensuppe

Für 4 Portionen

500 g reife Tomaten
1 Salatgurke
je ½ rote, grüne und gelbe Paprikaschote
1 Zwiebel
1 Knoblauchzehe
2 Scheiben Toastbrot ohne Rinde
100 ml Geflügelfond (Fertigprodukt)
2 EL kaltgepreßtes Olivenöl
1–2 EL Sherryessig
Salz, Pfeffer aus der Mühle

Einlage:
2 Scheiben Toastbrot
2 EL Butter
1 Knoblauchzehe
Salz
1 Tomate
2 EL Schnittlauchröllchen

1. Die gewaschenen Tomaten vom Stielansatz befreien, grob hacken. Die Salatgurke schälen und ebenfalls grob hacken. 3 Gurkenscheiben in dünne Streifen schneiden und auf einen großen Teller legen für die Suppeneinlage. Die Paprikaschoten putzen und in feine Streifen schneiden. Ein paar

Streifen zu den Gurken auf den Teller legen.

2. Die Zwiebel und die Knoblauchzehe schälen und fein hacken.

3. Das Brot würfeln und mit der Geflügelbrühe übergießen. Die Zwiebel- und Knoblauchwürfel sowie das zerkleinerte Gemüse dazugeben und im Mixer pürieren.

4 Die Suppe mit Öl und Essig sowie den Gewürzen kräftig abschmecken und kalt stellen.

5. Für die Suppeneinlage das Toastbrot würfeln. Die Butter erhitzen. Die Knoblauchzehe schälen und fein hacken, zur Butter geben. Die Brotwürfel in der Knoblauchbutter knusprig braten, salzen. Auf den Teller zu den Gurken- und Paprikastreifen legen.

6. Die gewaschene Tomate vom Stielansatz befreien, vierteln, die Kerne entfernen, das Tomatenfleisch in dünne Streifen schneiden, auf den Teller legen. Zum Schluß die Schnittlauchröllchen dazugeben.

7. Die gut gekühlte Suppe in Suppentassen servieren. Jeder wählt nach Geschmack seine Suppeneinlage.

(Foto Seite 39)

Feine Vorspeisen

Kaum etwas anderes stimmt den Menschen und den Magen auf ebenso simple wie erfreuliche Weise auf ein köstliches Essen ein, wie eine leichte, aber wohlkomponierte warme Vorspeise. Auf den folgenden Seiten haben wir die feinsten Gerichte mit Ente, Wachteln, Hähnchen- und Gänsefleisch versammelt. Diese „Tellergerichte“ verlangen etwas Zeit, dafür erfreuen sie beim Zubereiten genauso wie beim späteren Genuß.

Entenbrust mit grünem Pfeffer,
Rezept Seite 42

Entenbrust mit grünem Pfeffer

Für 4 Portionen

2 Entenbrüste
Salz
Pfeffer aus der Mühle
2 EL kaltgepreßtes Olivenöl
1 EL Himbeeressig
100 ml Geflügelfond (Fertigprodukt)
1 EL grüne Pfefferkörner
einige Salatblätter, z. B. Radicchio, Batavia, Frisée, Eichblatt

1. Die Entenbrüste unter fließendem Wasser waschen und trockentupfen. Einen Teil der Haut an den Seiten mit einem scharfen Messer abschneiden und fein würfeln.
2. Die Entenbrüste auf beiden Seiten mit Salz und Pfeffer gut einreiben und in 1 Eßlöffel heißem Öl zuerst auf der Hautseite 5 Minuten braten.
3. Das Fleisch wenden und auf kleiner Flamme weitere 10 Minuten schmoren lassen. Die letzten 5 Minuten die gewürfelte Entenhaut dazugeben und knusprig braten.
4. Die Entenbrüste in Alufolie wickeln und warm halten. Die knusprigen Entenhautwürfel auf einem Teller beiseite stellen.
5. Den Bratensatz mit dem Himbeeressig ablöschen, den Fond oder die Brühe dazugeben, aufkochen und etwas reduzieren lassen. Die Pfanne vom Feuer nehmen, das restliche Olivenöl und die Pfefferkörner dazugeben. Die Sauce mit Salz und Pfeffer abschmecken.
6. Die Salatblätter waschen, trockenschleudern und auf 4 Tellern verteilen. Die Entenbrüste in dünne Scheiben schneiden, sternförmig darüber legen und mit der Sauce benetzen. Vor dem Servieren die Entenhautwürfel über die gebratenen Fleischscheiben streuen.
(Foto Seite 40/41)

DER GUTE TIP

Reduzieren bedeutet, eine Flüssigkeit, sei es für eine Sauce oder eine Suppe, solange bei hoher Temperaturzufuhr kochen zu lassen, bis die Sauce leicht dicklich wird oder die Brühe den gewünschten Geschmack bekommen hat.

Entenbrust mit Ingwer und Ananas

Für 6 Portionen

2 Entenbrüste
1 EL Sojaöl
Salz, Pfeffer aus der Mühle
1 walnußgroßes Stück frischer Ingwer (ersatzweise 1 in Sirup eingelegte Ingwerpflaume)
1 kleine Dose Bambussprossen
1 Babyananas
400 ml Geflügelfond (Fertigprodukt)
4 EL süße Sahne
1 TL Speisestärke
40 g gehobelte Mandeln

1. Die Entenbrüste unter fließendem Wasser waschen und mit Küchenpapier trockentupfen. Anschließend die Haut abschneiden und in feine Streifen schneiden.
2. Das Öl in einer Pfanne erhitzen, die Hautstreifen darin knusprig braten, herausnehmen und warm stellen.
3. Das Fleisch ebenfalls in schmale Streifen schneiden, in eine Schüssel legen, mit Salz und Pfeffer bestreuen. Den Ingwer schälen und fein reiben bzw. die Ingwerpflaume fein hacken. Zum Entenfleisch geben, umrühren und 10 Minuten ziehen lassen.
4. In der Zwischenzeit die Bambussprossen abgießen und in feine Streifen schneiden. Die Ananas schälen, das Fruchtfleisch zuerst in Scheiben schneiden, dann in Streifen schneiden.
5. Das marinierte Entenfleisch in dem wieder erhitzten Fett 3 Minuten anbraten. Die Bambussprossen sowie die Ananas dazugeben, mit dem Geflügelfond auffüllen und zum Kochen bringen. Etwas reduzieren. Die Sahne einrühren.
6. Die Speisestärke mit wenig kaltem Wasser glattrühren, in die Pfanne gießen, aufkochen lassen.
7. Die Mandeln in einer Pfanne ohne Fett goldgelb rösten.
8. Die Ingwerente auf 6 Teller verteilen, die knusprigen Hautwürfel und die gerösteten Mandeln darüber streuen.
(Foto Seite 42/43)

Wachteln mit Pilzsalat

Für 4 Portionen

- 4 Wachteln
- 1 EL Butter
- 1 EL kaltgepreßtes Olivenöl
- Salz
- Pfeffer aus der Mühle
- 1 Knoblauchzehe
- 100 ml Geflügelfond (Fertigprodukt)
- 2 EL Rotweinessig
- 100 g Crème fraîche

Pilzsalat:

- 100 g frische Pfifferlinge
- 150 g frische Steinpilze
- 125 g frische Champignons
- 2 EL Butter
- 1 Zwiebel
- Salz
- Pfeffer aus der Mühle
- frisch geriebene Muskatnuß
- ½ Bund gehackte Petersilie

außerdem:

- ½ Kästchen Kresse
- 4 Wachteleier

1. Die Wachteln unter fließendem Wasser innen und außen waschen und trockentupfen. Mit einem scharfen Messer die Brüste vom Knochen schneiden.
2. Die Butter und das Öl in einer Pfanne erhitzen, die Wachteln ohne das Brustfleisch unter ständigem Rühren darin rösten, die Brüste hinzufügen und auf jeder Seite gut 1 Minute braten. Salzen und pfeffern, herausnehmen und warm stellen.
3. Die geschälte und durchgedrückte Knoblauchzehe und den Fond oder die Brühe in die Pfanne geben. Zum Kochen bringen, 5 Minuten kochen lassen und beiseite stellen.
4. Die Pilze putzen und bei Bedarf klein schneiden. Die Butter in einer anderen Pfanne erhitzen, die gehackte Zwiebel dazugeben, weich dünsten, dann die Pilze darin 8 Minuten schmoren, mit Salz und Pfeffer, Muskat und gehackter Petersilie abschmecken.
5. Die Kresse abspülen, die Wachteleier 2 Minuten kochen und anschließend pellen.
6. Die Sauce durch ein Sieb drücken, mit dem Rotweinessig und der Crème fraîche verrühren, die Pilze und die halbierten Wachtelbrüste dazugeben, in Schalen füllen und mit der Kresse und den geviertelten Wachteleiern garnieren.
(Foto Seite 45)

Gänsebrust auf Spinat

Für 6 Portionen

- 1 Gänsebrust (etwa 400 g)
- Salz, Pfeffer aus der Mühle
- 1 kg Spinat

Sauce:

- 2 EL Sherryessig
- 2 EL Walnußöl
- Salz, Pfeffer aus der Mühle

außerdem:

- 6 halbe Pfirsiche (aus dem Glas)
- 4 EL Butter
- 1 TL brauner Zucker
- 4 cl Weinbrand
- 6 Scheiben Toastbrot ohne Rinde

1. Die Gänsebrust unter fließendem Wasser waschen. In einen Topf legen, mit Wasser bedecken, Salz und Pfeffer dazugeben und 60 Minuten leise kochen lassen.
2. Den Spinat verlesen, putzen und in einem anderen Topf mit etwas Gänsebrühe aufkochen, zusammenfallen lassen, mit Salz und Pfeffer würzen.
3. Die Zutaten für die Sauce verrühren, mit etwas Gänsebrühe auffüllen.
4. Die Pfirsiche abtropfen lassen, in dünne Spalten schneiden und in 2 Eßlöffeln Butter schmoren, den Zucker und den Weinbrand dazugeben.
5. Das Toastbrot würfeln und in der restlichen Butter knusprig braten.
6. Den warmen Spinat auf 6 Tellern verteilen. Die Gänsebrust ohne Haut in dünne Scheiben schneiden, über den Spinat legen, die Pfirsiche darüber geben, mit der Sauce beträufeln und mit den Brotwürfeln bestreuen.

Wachteln mit Preiselbeeren

Für 8 Portionen

- 8 Wachteln
- Salz, Pfeffer aus der Mühle
- 12 frische Thymianzweige
- 6 EL kaltgepreßtes Olivenöl
- 250 g Schalotten
- 1 EL abgeriebene Zitronenschale
- 6 cl Rotwein
- 400 ml Wildfond (Fertigprodukt)
- 3 EL Preiselbeerkonfitüre
- 200 g Crème fraîche
- 8 Scheiben Baguette

1. Die Wachteln waschen und trockentupfen. Innen und außen mit Salz und Pfeffer bestreuen. In jede Wachtel einen Thymianzweig stecken.
2. Das Olivenöl in einem Topf erhitzen, die Wachteln darin bräunen. Die fein gehackten Schalotten, die Zitronenschale, den Rotwein und den Fond dazugeben. 15 Minuten offen kochen lassen. Die Wachteln herausnehmen und warm stellen. Die Preiselbeeren und die Crème fraîche einrühren und etwas reduzieren. Die Wachteln wieder in die Sauce geben.
3. Die Baguettescheiben rösten, auf 8 Tellern verteilen, die Wachteln darauf legen, mit Sauce begießen und mit den Blättern der restlichen Thymianzweige bestreuen.

Überbackenes Hähnchenbrust-tatar

Für 4 Portionen

4 große Tomaten
250 g Hähnchenbrustfilet
40 g luftgetrockneter, roher Schinken
Salz
Pfeffer aus der Mühle
2 Knoblauchzehen
2 EL frische Majoranblätter
2 EL flüssige Butter
4 EL kaltgepreßtes Olivenöl
2 EL Semmelbrösel
1 EL fein gemahlene Haselnüsse
1 EL gehackte Petersilie

1. Die Tomaten waschen, einen Deckel abschneiden und die Tomaten aushöhlen.
2. Die Hähnchenbrustfilets waschen und trockentupfen. Mit einem Fleischmesser fein hacken oder durch den Fleischwolf drehen, mit dem fein gewürfelten Schinken, dem Salz und dem Pfeffer, den fein gewürfelten Knoblauchzehen und den gehackten Majoranblättern gut vermischen.
3. Die flüssige Butter mit dem Olivenöl verrühren und die Hälfte davon zum Tatar geben. Diese Masse in die ausgehöhlten Tomaten füllen.
4. Die Semmelbrösel mit den Haselnüssen und der Petersilie mischen und über die gefüllten Tomaten streuen, etwas andrücken und mit der restlichen Butter-Öl-Mischung begießen.
5. Die gefüllten Tomaten in eine eingefettete, feuerfeste Form setzen und im heißen Backofen bei 180° C etwa 20 Minuten backen.
(Foto Seite 46)

Hühnerfrikassee im Blätterteig

Für 6 Portionen

Pasteten:
450 g TK-Blätterteig
1 Eigelb

Frikassee:
1 Hähnchen (etwa 900 g)
1 Bund Suppengrün
Salz
Pfeffer aus der Mühle
2 Lorbeerblätter
3 Pimentkörner
1 Zwiebel mit 1 Gewürznelke gespickt
100 g süße Sahne
6 cl Weißwein
heller Saucenbinder
Zitronensaft
etwas frisch geriebene Muskatnuß
2 Schalotten
2 EL Butter
100 g frische Steinpilzchampignons
½ Bund gehackte Petersilie
150 g Krebsfleisch aus der Dose

1. Den Blätterteig antauen lassen. Dann die Hälfte der Platten dünn mit kaltem Wasser bestreichen, eine 2. Platte darüber andrücken, 12 gleich große Quadrate ausschneiden. Bei 6 Quadraten aus der Mitte Kreise (Durchmesser etwa 6 cm) ausstechen. Das sind die Deckel der Pasteten.
2. Die Pastetenböden wiederum dünn mit Wasser bestreichen und die „gelochten" Oberteile darauf andrücken.
3. Die Pasteten und die ausgestochenen Deckel auf ein kalt abgespültes Backblech legen. Das Eigelb mit etwas Wasser verrühren und die 6 Pasteten sowie die 6 Deckel damit bestreichen.
4. Aus mehrfach gefalteter Alufolie kleine Kamine formen und in die Pasteten stecken. Die Pasteten im vorgeheizten Backofen bei 220° C etwa 12 Minuten backen. Im ausgeschalteten Backofen auskühlen lassen.

5. Das Hähnchen unter fließendem Wasser innen und außen gründlich waschen und in einen Topf legen. Das Suppengrün putzen und grob hacken, Salz, Pfeffer, die Lorbeerblätter, die Pimentkörner und die Zwiebel dazugeben, den Topf mit Wasser auffüllen und alles ungefähr 45 Minuten leise köcheln lassen.
6. Das Hähnchen herausnehmen, abkühlen lassen, das Fleisch vom Knochen lösen und mit einem scharfen Messer in mundgerechte Stücke schneiden.
7. Die Brühe durch ein Sieb gießen und 5–10 Minuten sprudelnd kochen lassen. Benötigt wird etwa ½ l Brühe. Sahne und Weißwein dazugeben.
8. Die Brühe mit dem Saucenbinder binden, mit Zitronensaft, Muskatnuß, Salz und Pfeffer abschmecken. Das Hähnchenfleisch dazugeben.
9. Die geschälten Schalotten fein hacken und in der heißen Butter weich schmoren, die geputzten und eventuell halbierten Champignons dazugeben und 5 Minuten garen. Die gehackte Petersilie sowie das abgegossene und zerkleinerte Krebsfleisch unterrühren. Alles zusammen mit der Sauce und dem Hähnchenfleisch erwärmen. In die vorbereiteten Pasteten füllen und servieren.
(Foto Seite 47)

Kapaun mit Austernfüllung

Für 8 Portionen

Füllung:

24 Austern
100 g durchwachsener Speck
100 g Kalbsschnitzel
500 g Weißkohl
6 Eier
Salz
Pfeffer aus der Mühle
etwas frisch geriebene Muskatnuß

außerdem:

1 Kapaun oder 1 Poularde
Salz
Pfeffer aus der Mühle
80 g Schweineschmalz
1 Zwiebel
1/8 l Geflügelfond (Fertigprodukt)
heller Saucenbinder
Zitronensaft
frisch geriebene Muskatnuß
8 kleine Scheiben Bauernbrot

1. Die Austern mit einem Austernmesser öffnen, 6 Stück kalt stellen, die anderen grob hacken.

2. Den Speck fein würfeln und in einer großen Pfanne auslassen, die gehackten Austern dazugeben. Das Schnitzelfleisch fein würfeln und ebenfalls in die Pfanne geben, kurz schmoren lassen.

3. Den geputzten Weißkohl in feine Streifen schneiden und für 5 Minuten in kochendem Wasser ziehen lassen, abgießen und fein hacken. Dann den Weißkohl ebenfalls in die Pfanne geben und erhitzen.

4. 4 Eier mit Salz, Pfeffer und Muskat verquirlen, in die Pfanne gießen und leicht stocken lassen.

5. Die gestockte Masse nochmals mit einem Messer fein hacken. Die zurückgestellten Austern sowie die restlichen beiden verquirlten Eier dazugeben.

6. Den Kapaun oder die Poularde innen und außen unter fließendem Wasser waschen und trockentupfen, innen und außen mit Salz und Pfeffer würzen.

Die Farce hineinfüllen und die Öffnung mit Küchengarn zunähen.
7. Den Backofen auf 200° C vorheizen. Das Schweineschmalz in einem Bräter erhitzen und den gefüllten Kapaun darin rundherum anbraten. Die gehackte Zwiebel dazugeben und mit der Brühe ablöschen.
8. Im geschlossenen Topf etwa 60 Minuten schmoren. Ab und zu mit dem Bratensaft begießen.
9. Den fertigen Kapaun warm stellen. Den Fond durch ein Sieb gießen, mit dem Saucenbinder binden, dann die Sauce mit viel Zitronensaft und Muskatnuß würzen.
10. Den Kapaun halbieren, die Füllung herausnehmen und in Scheiben, das Fleisch vom Knochen schneiden.
11. Die Brotscheiben toasten, auf jede Scheibe etwas Kapaunfleisch geben, mit einer Scheibe Füllung abdecken und mit wenig Sauce begießen.
(Foto Seite 48)

Selbstgemachte Nudeln in Gänsebrühe

Für 6 Portionen

Nudeln:
200 g Mehl
1 EL Grieß
2 Eier
1–2 EL Olivenöl
1 TL Salz
Wasser
Mehl zum Ausrollen

Brühe:
10 g getrocknete Steinpilze
2 Gänsekeulen
100 g durchwachsener Speck
1 l kräftige Hühnerbrühe (siehe Seite 20)
1 TL Salz
2 Lorbeerblätter
½ TL getrocknetes Bohnenkraut
1 TL Pfefferkörner
3 getrocknete Chilischoten
1 Zwiebel mit 1 Gewürznelke gespickt

außerdem:
1 EL frische Thymianblätter
2 EL frisch gehackte Petersilienblätter
100 g frisch geriebener Parmesankäse

1. Das Mehl sieben und mit dem Grieß mischen. Die Eier, 1 Eßlöffel Olivenöl sowie Salz dazugeben und alles gut verkneten. Falls die Masse zu trokken ist, noch etwas Öl und tropfenweise kaltes Wasser hinzufügen. Den Nudelteig solange kneten, bis er glatt und glänzend in den Händen liegt. Dafür braucht man ungefähr 10 Minuten.
2. Den Nudelteig halbieren und bei Zimmertemperatur unter einer Schüssel 60 Minuten ruhen lassen. Dann zunächst eine der Teighälften auf einer leicht bemehlten Fläche dünn zu einem Kreis ausrollen, 10 Minuten ruhen lassen, dann zusammenrollen, dünne Nudelstreifen abschneiden und sofort wieder entrollen. Mit der 2. Teigkugel genauso verfahren. (Wesentlich einfacher geht das, wenn Sie eine Nudelmaschine besitzen.)
3. Die getrockneten Steinpilze in lauwarmem Wasser 30 Minuten weichen lassen.
4. Die Gänsekeulen unter fließendem Wasser waschen. Mit dem Speck, den Steinpilzen mitsamt dem Einweichwasser, den restlichen Zutaten sowie 1 l Wasser 60 Minuten leicht kochen lassen.
5. Die Keulen herausnehmen, etwas abkühlen lassen, das Fleisch vom Knochen scheiden und würfeln. Die Haut fein würfeln und in der Pfanne knusprig braten.
6. Die Brühe durch ein Sieb gießen, wieder zum Kochen bringen und die Nudeln darin 5–8 Minuten garen.
7. Die Nudeln nicht ganz abgießen, sie müssen noch recht feucht zurück in den Topf gegeben werden. Die Nudeln mit dem Keulenfleisch sowie den Thymianblättchen, der Petersilie und den knusprigen Gänsehautwürfeln mischen. Heiß servieren. Den Parmesankäse getrennt dazu reichen.

DER GUTE TIP

Statt mit Gänsekeulen kann die Brühe auch mit einer kleinen Ente gekocht werden.
Das fertige Gericht erhält durch einige leicht geröstete Cashewkerne einen ganz besonderen Biß.

Köstliches aus dem Suppentopf

Geflügelsuppen erfreuen den Gaumen jedes Feinschmeckers. Auf den folgenden Seiten finden Sie die feinsten Rezepte für leckere Suppen. Grundlage ist immer eine würzige Hühnerbrühe, deren Zubereitung wir auf Seite 20 genau beschreiben. Solche Hühnerbrühen können einige Monate eingefroren werden. Ganz Eilige wählen als Grundlage die vom Handel angebotenen Geflügel- oder Hühnerfonds. In einem solchen Fall muß eine klare Suppe mit viel Gefühl abgeschmeckt werden. Unsere Suppen sind ein idealer Auftakt für festliche Menüs.

Wachtelbrühe mit Markscheiben,
Rezept Seite 52

Scharfe Kartoffelsuppe mit Hähnchenkeulen

Für 4 Portionen

4 kleine Hähnchenkeulen
3/4 l kräftige Hühnerbrühe (siehe Seite 20)
300 g Kartoffeln
400 g Lauch
1 Apfel
1 P. Safranfäden
2 kleine Lorbeerblätter
1 kleine Chilischote
2 EL Crème fraîche
3 EL kleine ungeschälte Mandeln

1. Die Hähnchenkeulen unter fließendem Wasser waschen und mit Küchenpapier trockentupfen.
2. Die Hühnerbrühe erhitzen. Die Kartoffeln schälen, den Lauch putzen (nur der weiße und hellgrüne Teil wird verwendet). Das Gemüse waschen und in große Stükke schneiden. Mit den Keulen in die Hühnerbrühe geben und bei geringer Hitze 25 Minuten leicht kochen lassen.
3. Nach 15 Minuten Kochzeit den geschälten und geviertelten Apfel dazugeben.
4. Nach 25 Minuten die Hähnchenkeulen herausnehmen, die Haut abziehen und die Keulen warm stellen.
5. Das Gemüse in der Suppe mit dem Pürierstab pürieren. Die Safranfäden, die Lorbeerblätter, die fein geschnittene Chilischote und die Crème fraîche in die Suppe geben und kräftig aufkochen lassen.
6. Die ganzen Mandeln in einer Pfanne ohne Fett rundherum rösten.
7. Die Suppe in 4 Teller geben, in jeden eine Hähnchenkeule legen und zum Schluß die Mandeln darüberstreuen.

Wachtelbrühe mit Markscheiben

Für 4 Portionen

4 Wachteln
1 EL Öl
Salz
Pfeffer aus der Mühle
1 TL Pfefferkörner
1 Bund Suppengrün
2 Zwiebeln mit je 1 Gewürznelke gespickt
2 frische Champignons
2 Tomaten
10 Wacholderbeeren
1 Zweig Rosmarin
1,2 l kräftige Hühnerbrühe (siehe Seite 20)

Einlagen:
2 Markknochen
Salz
Pfeffer aus der Mühle
1 Bund Suppengrün
1 EL gehackte Petersilie

1. Die Wachteln innen und außen unter fließendem Wasser waschen und trockentupfen. Mit einem scharfen Messer die Brüste vom Knochen schneiden.
2. Die verbleibenden Wachtelknochen grob zerhacken und in dem heißen Öl 5 Minuten unter Rühren rösten. Die zurückgelegten Wachtelbrüste salzen, pfeffern und zuerst auf der Hautseite, dann auf der Fleischseite mit den gerösteten Knochen je 1 Minute schmoren, die Brüste herausnehmen und beiseite stellen.
3. Die Pfefferkörner zu den gerösteten Knochen geben. Das Suppengrün putzen, schälen und grob hacken, mit den Zwiebeln in den Topf geben und erhitzen.
4. Die Champignons und die Tomaten kurz waschen, dann vierteln, mit den zerquetschten Wacholderbeeren und dem Rosmarinzweig zur Suppengrundlage geben und kurz schmoren. Mit der heißen Hühnerbrühe auffüllen und 50 Minuten leicht kochen lassen.
5. Inzwischen die Markknochen abspülen und in die heiße Brühe gleiten lassen, nach etwa 3 Minuten herausholen, das Mark herauslösen und die Knochen wieder in die Brühe legen. Das Mark in dünne Scheiben schneiden, salzen und pfeffern.
6. Das Suppengrün putzen, waschen, schälen und in Scheiben, Streifen oder Rauten schneiden. Etwas Brühe abnehmen und das zurechtgeschnittene Gemüse darin knapp gar kochen, herausnehmen und beiseite stellen. Die Brühe wieder in den Topf zurückgießen.
7. Nach etwa 50 Minuten die Suppe durch ein Sieb gießen. Die Wachtelbrüste in dünne Scheiben schneiden, mit dem gegarten Suppengemüse und den Markscheiben in der klaren Brühe erhitzen, abschmecken und mit der Petersilie bestreuen.
(Foto Seite 50/51)

Fasanenkraftbrühe mit gefüllten Morcheln

Für 4 Portionen

1 junger Fasan
2 EL Sonnenblumenöl
1 Bund Suppengrün
1/2 Bund Petersilie
1 Zwiebel
1 Knoblauchzehe
2 Tomaten
1 Lorbeerblatt
2 Wacholderbeeren
1 Zweig Thymian
6 cl Portwein
1 l kräftige Hühnerbrühe (siehe Seite 20) oder

1 l Wildfond
8 große getrocknete Morcheln
60 g Kalbsbrät
1–2 EL süße Sahne
Salz
Pfeffer aus der Mühle
1 Spritzer Worcestersauce
einige Petersilienblätter

1. Den Fasan innen und außen unter fließendem Wasser waschen und trockentupfen. Anschließend mit einem Hackmesser zerkleinern.
2. Das Öl in einem Topf erhitzen und die Fasanteile darin scharf anbraten.
3. Das Suppengrün putzen, schälen und grob würfeln. Die Petersilie waschen und trocknen. Die Zwiebel schälen und fein hacken. Die Knoblauchzehe ganz lassen und nicht schälen. Die Tomaten vierteln. Alles zusammen mit dem Lorbeerblatt, den zerquetschten Wacholderbeeren und dem Thymian zum Fasan geben und gut durchschmoren lassen.
4. Mit dem Portwein ablöschen. Die heiße Hühnerbrühe dazugießen, und die Brühe 50 Minuten leicht kochen lassen.
5. Die getrockneten Morcheln in lauwarmem Wasser 30 Minuten einweichen, dann für 10 Minuten in die Brühe geben. Danach wieder herausnehmen und abtropfen lassen.
6. Das Kalbsbrät mit der Sahne und den Gewürzen gut vermischen und in einen Spritzbeutel geben. Die Morcheln mit dem Brät füllen.
7. Die Kraftbrühe durch ein Leinentuch gießen, erhitzen, nochmals abschmecken und die gefüllten Morcheln darin 5 Minuten ziehen lassen.
8. Die Fasanenkraftbrühe in angewärmte Teller gießen, die Morcheln der Länge nach aufschneiden und in jeden Teller 4 halbe Morcheln geben. Mit Petersilienblättern garnieren.
(Foto Seite 53)

Hühnerkraftbrühe mit feinen Klößchen

Für 6 Portionen

1 Poularde
1 geviertelter Kalbsfuß
2 EL Sonnenblumenöl
1 Bund Suppengrün
1 Petersilienwurzel
100 g frische Champignons
3 Tomaten
2 Salbeiblätter (oder
1 Msp. getrockneter Salbei)
1 EL Salz
1 TL Pfefferkörner
1 Lorbeerblatt
3 Wacholderbeeren
2 Kardamomkapseln
3 Pimentkörner
1 Glas Weißwein

Klößchen:
1 Schalotte
2 EL fein gehackte Petersilie
2 EL fein gehackte Kerbelblätter
1 Ei, 30 g Semmelbrösel
1 EL geriebener Parmesan
Salz, Cayennepfeffer
1 Msp. Curry
frisch geriebene Muskatnuß

außerdem:
2 EL Schnittlauchröllchen

1. Die Poularde unter fließendem Wasser waschen und trockentupfen. Mit einem scharfen Messer die beiden Brüste vom Knochen schneiden, die Haut ablösen, das Brustfleisch kalt stellen.

2. Den restlichen Teil der Poularde mit einem Hackmesser grob zerkleinern. Den Kalbsfuß abspülen.

3. Das Öl in einem großen Topf erhitzen und die zerkleinerte Poularde, die Brusthaut sowie den Kalbsfuß darin rundherum braun rösten.

4. Das Suppengrün putzen, schälen, waschen und grob hacken. Die Petersilienwurzel schälen und ebenfalls grob hakken. Die Champignons putzen und in Scheiben schneiden. Die Tomaten waschen und vierteln.

5. Das zerkleinerte Gemüse zu den gerösteten Knochen geben und mitschmoren. Dann die Gewürze dazugeben und weiter schmoren. Nach etwa 15 Minuten mit dem Wein ablöschen und mit 1 l heißem Wasser auffüllen. Das Ganze ungefähr 60 Minuten leicht kochen lassen.

6. Inzwischen das kalt gestellte Brustfleisch würfeln.

7. Die Schalotte schälen und fein hacken, mit den Kräutern zum gewürfelten Brustfleisch geben und im Mixer nicht zu fein pürieren. Die Masse mit dem Ei, den Semmelbröseln und dem Käse mischen. Anschließend mit Salz, Cayennepfeffer, Curry und Muskat kräftig würzen. Falls die Masse zu weich ist, geben Sie noch etwas Semmelbrösel hinzu.

8. Die fertiggekochte Suppe langsam durch ein Leinentuch gießen, erhitzen und nochmals abschmecken. Mit einem feuchten Teelöffel von der Fleischmasse kleine Klößchen abstechen und in die heiße Kraftbrühe gleiten lassen, gut 5 Minuten gar ziehen lassen.

9. Die Hühnerkraftbrühe mit den Klößchen vor dem Servieren mit den Schnittlauchröllchen bestreuen.

(Foto Seite 54/55)

DER GUTE TIP

Zubereitungen aus rohem Fleisch wie diese Klößchen sollten nicht roh probiert werden. Um die Masse richtig abschmecken zu können, erhitzen Sie in der Brühe, im Mikrowellengerät oder in einer Bratpfanne ein kleines Klößchen.
Diese Hühnerkraftbrühe ist recht fett. Wenn Sie sie einen Tag vorher kochen und dann kalt stellen, können Sie am folgenden Tag die Fettschicht auf der Brühe einfach abheben.

Klare Geflügelbrühe mit grünem Eierstich

Für 4 Portionen

2 Tomaten
1 Bund Suppengrün
1 Schalotte
200 g Putenschnitzel
2 Eiweiß
1,5 l kräftige Hühnerbrühe
(siehe Seite 20)

Einlage:

100 g Putenschnitzel
100 g geputzte Spinatblätter
oder
100 g TK-Spinat, gut
ausgedrückt
2 Eier
2 Eigelb
3 EL süße Sahne
Salz
Cayennepfeffer
frisch geriebene Muskatnuß
etwas weiche Butter für die
Form

1. Die Tomate waschen und grob hacken. Das Suppengrün putzen, schälen und ebenfalls grob hakken. Die Schalotte schälen und fein würfeln. Das Putenfleisch grob würfeln.
2. Diese Zutaten mit dem Eiweiß im Mixer pürieren und in die kalte Hühnerbrühe einrühren. Langsam zum Kochen bringen und auf kleiner Flamme ungefähr 60 Minuten leicht kochen lassen. Ab und zu umrühren.
3. Während die Brühe kocht, das Putenschnitzel waschen und für 3 Minuten in die heiße Brühe legen. Anschließend in dünne Streifen schneiden und beiseite stellen.
4. Für den Eierstich die Spinatblätter für 2 Minuten in kochendes Wasser geben, herausholen, ausdrücken und im Mixer pürieren.
5. Den abgekühlten Spinatbrei mit den Eiern, dem Eigelb, der Sahne sowie den Gewürzen verrühren. Eine möglichst eckige Form mit der weichen Butter einfetten und den Eierstich hineingießen. Im heißen Wasserbad abgedeckt 20–30 Minuten stocken lassen. Anschließend aus der Form lösen und in Würfel schneiden.
6. Die fertig gekochte Suppe durch ein Leinentuch gießen. Nochmals abschmecken und erhitzen.
7. Den grünen Eierstich sowie die zurückgestellten Putenschnitzelstreifen in der heißen, aber nicht mehr kochenden Brühe erhitzen.
(Foto Seite 56)

DER GUTE TIP

Der Eierstich kann statt mit Spinat auch mit Tomatenpüree, gehackten Kräutern oder geriebenem Käse gemischt werden.
Sehr appetitlich sieht es aus, wenn ein Teil des Eierstichs mit Spinat und der andere Teil mit Tomatenpüree gefärbt wird.
Statt des Putenfleischs kann natürlich auch die gleiche Menge Gänse- oder Entenfleisch (Rest) in die Suppe gegeben werden.

Entenkraftbrühe unter der Haube

Für 4 Portionen

1 Ente (etwa 1,5 kg)
2 EL Olivenöl
2 Bund Suppengrün
1 Zwiebel
1 Knoblauchzehe
3 Tomaten
2 Lorbeerblätter
4 Wacholderbeeren
1 Zweig Thymian
1 Zweig Rosmarin
2 Salbeiblätter
1 TL Pfefferkörner
1 Chilischote, 1 EL Salz
1,5 l kräftige Hühnerbrühe (siehe Seite 20)
etwa 150 g TK-Blätterteig
2 Eiweiß
125 g frische Champignons
2 cl Portwein
2 Eigelb

1. Die Ente unter fließendem Wasser innen und außen waschen und trockentupfen. Mit einem scharfen Messer die Brüste vom Knochen schneiden. Die Haut entfernen, die Brüste kalt stellen.
2. Die Entenkeulen auslösen, das Fleisch ebenfalls kalt stellen. Die restliche Ente mit einem Hackmesser grob zerkleinern.
3. Das Öl in einem Topf erhitzen und die zerhackte Ente sowie die Brusthaut darin braun rösten.
4. Ein Bund Suppengrün putzen, waschen und würfeln. Die Zwiebel und die Knoblauchzehe schälen und in Scheiben schneiden. Die gewaschenen Tomaten achteln. Das Gemüse zur Ente geben und 5 Minuten schmoren.
5. Die Lorbeerblätter, die zerquetschten Wacholderbeeren, die Kräuter, die Pfefferkörner, die Chilischote, das Salz und die heiße Hühnerbrühe dazugeben und 60 Minuten leicht kochen lassen.
6. Das Entenbrustfleisch 10 Minuten in der heißen Brühe gar ziehen lassen, herausnehmen und wieder beiseite stellen.
7. Inzwischen das restliche Suppengrün für die Einlage putzen, schälen, waschen und fein würfeln; in einem kleinen Topf in etwas heißer Brühe knapp garen. Die Gemüsewürfel beiseite stellen, die Brühe wieder in den großen Topf zurückgießen.
8. Die beiden Blätterteigscheiben antauen lassen und dann zwischen Klarsichtfolie oder auf einer leicht bemehlten Fläche auf die doppelte Größe ausrollen.
9. Das kalt gestellte Keulenfleisch, das Eiweiß und die zerkleinerten Champignons mit dem Pürierstab oder im Mixer zerkleinern. Die Masse kalt stellen.
10. Die Suppe nach 60 Minuten durch ein Leinentuch in einen anderen Topf gießen und etwas abkühlen lassen.

11. Die Fleisch-Eiweiß-Pilz-Masse langsam in die Brühe rühren, zum Kochen bringen und 30 Minuten leise ziehen lassen. Danach noch einmal durch ein Leinentuch gießen. Die Entenkraftbrühe anschließend noch mit etwas Portwein abschmecken.
12. 4 feuerfeste Suppentassen bereitstellen. Das Entenbrustfleisch in dünne Scheiben schneiden und auf die 4 Suppentassen verteilen. Die beiseite gestellten Gemüsewürfel ebenfalls dazugeben. Dann mit der abgekühlten Suppe auffüllen.
13. Die Tassenränder leicht mit kaltem Wasser benetzen, entsprechend große Blätterteigkreise darüberlegen und gut andrücken. Das Eigelb mit etwas Wasser verrühren und die Hauben damit zweimal bestreichen.
14. Die Entenkraftbrühe mit Haube im vorgeheizten Backofen bei 200° C etwa 15 Minuten überbacken, bis die Haube goldgelb ist.
(Foto Seite 57)

Geflügel-Pilz-Essenz

Für 4 Portionen

300 g gemischte Pilze wie Champignons, Steinpilze, Maronen
100 g Schalotten
2 Knoblauchzehen
1 Hähnchenbrustfilet
1 Bund Kerbel
3 Eiweiß
1,5 l kräftige Hühnerbrühe (siehe Seite 20)

Einlage:
200 g gemischte Pilze
2 EL Butter
etwas Kerbel

1. Die Pilze putzen und grob hacken. Die Schalotten und die Knoblauchzehen schälen und ebenfalls grob hacken.
2. Das Hähnchenbrustfilet unter fließendem Wasser waschen, trockentupfen, danach grob würfeln. Den Kerbel waschen und grob hacken.
3. Alle zerkleinerten Zutaten mit dem Eiweiß im Mixer pürieren. Anschließend in die kalte Hühnerbrühe rühren und langsam erhitzen. 60 Minuten leicht kochen lassen.
4. Inzwischen die Pilze für die Einlage putzen und in Scheiben schneiden. In der heißen Butter 3 Minuten schmoren. Den Kerbel waschen und die Blättchen abzupfen.
5. Die fertig gekochte Brühe durch ein Leinentuch in einen anderen Topf gießen und abschmecken.
6. Die Pilze und den Kerbel in der Brühe erhitzen und sofort servieren.
(Foto Seite 58/59: links)

Tomatenkraftbrühe mit Hähnchenbrust

Für 4 Portionen

500 g reife Tomaten
1 Schalotte
1 Knoblauchzehe
2 EL kaltgepreßtes Olivenöl
2 EL Tomatenmark
1 Zweig Thymian
1 Lorbeerblatt
Salz, Pfeffer aus der Mühle
1 Prise Zucker
1 EL Zitronensaft
1 l kräftige Hühnerbrühe (siehe Seite 20)

Einlage:
200 g Hähnchenbrustfilet
4 EL halbtrockener Sherry (Amontillado)
2 Tomaten
einige Basilikumblätter

1. Die Tomaten waschen und achteln. Die Schalotte und die Knoblauchzehe schälen und in feine Scheiben schneiden. Alles zusammen in dem heißen Olivenöl schmoren.
2. Das Tomatenmark, den Thymian, das Lorbeerblatt, etwas Salz, Pfeffer, Zucker, den Zitronensaft und die heiße Hühnerbrühe dazugeben und 60 Minuten leicht kochen lassen.
3. Inzwischen für die Einlage das Hähnchenbrustfilet unter fließendem Wasser waschen und trokkentupfen. Für 5 Minuten in die heiße Brühe geben, herausnehmen und abkühlen lassen.
4. Das abgekühlte Fleisch in Würfel schneiden, mit dem Sherry übergießen und beiseite stellen.
5. Die Tomaten waschen, die Stielansätze herausschneiden und die Tomaten für 30 Sekunden in die heiße Brühe tauchen, danach die Haut abziehen. Die Tomaten vierteln, die Kerne entfernen und das Fruchtfleisch würfeln.
6. Die Basilikumblätter waschen und in Streifen schneiden.
7. Die Brühe durch ein Leinentuch in einen anderen Topf gießen, erhitzen, abschmecken und die marinierten Hähnchenbrustwürfel mit dem Sherry und den Tomatenwürfeln in der Brühe erhitzen. Vor dem Servieren mit den Basilikumblättern bestreuen.
(Foto Seite 58/59: rechts)

Knoblauchsuppe mit Basilikum und Wachteleiern

Für 4 Portionen

10 Knoblauchzehen
2 EL Butter
1 Bund Suppengrün
1 l kräftige Hühnerbrühe (siehe Seite 20)
1 Bund Basilikum
200 g Crème fraîche

außerdem:

4 EL Essig
4 Wachtel- oder Hühnereier
4 Scheiben Toastbrot ohne Rinde
2 EL Butter
2 Knoblauchzehen
Zitronensaft
Cayennepfeffer

1. Die Knoblauchzehen schälen und fein hacken.
2. Die Butter erhitzen und den Knoblauch darin kurz schmoren.
3. Das Suppengrün waschen, putzen und grob würfeln. Zum Knoblauch geben und 10 Minuten dünsten. Danach die heiße Hühnerbrühe dazugießen und 20 Minuten leicht kochen lassen. Dann im Mixer oder mit dem Pürierstab pürieren.
4. Das Basilikum waschen und die Blätter fein hacken, mit der Crème fraîche vermischen und in die Suppe rühren.
5. 1 l Wasser mit dem Essig zum Kochen bringen. Die Wachtel- oder Hühnereier vorsichtig einzeln mit einem Messer in einen Suppenlöffel aufschlagen und nacheinander in das siedende Wasser gleiten lassen. Das Eiweiß mit 2 Löffeln zusammenhalten. Die Wachteleier nach 2 Minuten herausholen. Hühnereier werden 5 Minuten pochiert.
6. Die Brotscheiben würfeln. Die Butter in einer Pfanne erhitzen. Den Knoblauch schälen und durch die Presse in die Butter drücken. Die Brotwürfel in der Knoblauchbutter knusprig braten.
7. Die Knoblauchsuppe mit Zitronensaft und Cayennepfeffer abschmekken. In 4 Suppentassen füllen, in jede Tasse eines der Eier geben und die Suppe mit den knusprigen Brotwürfeln bestreuen.

Asiatische Reissuppe

Für 4 Portionen

10 g getrocknete chinesische Pilze (Mu-Err)
200 g Hähnchenbrustfilet
2 EL Sojaöl
2 Stangen Lauch
1 Knoblauchzehe
100 g Sojasprossen
100 g TK-Erbsen
1 Möhre
1 Stück Sellerie
100 g frische Champignons
1 Tasse gekochter Reis
1 l kräftige Hühnerbrühe (siehe Seite 20)
½ TL frisch geriebener Ingwer
2 EL Sojasauce
2 cl trockener Sherry (Fino)
Chilipulver
2 EL Schnittlauchröllchen

1. Die Mu-Err-Pilze 30 Minuten in lauwarmem Wasser einweichen, dann herausnehmen und abtropfen lassen. Das Einweichwasser aufheben.
2. Das Hähnchenbrustfilet unter fließendem Wasser waschen und trockentupfen. Anschließend in kleine Würfel schneiden. In dem heißen Öl 3 Minuten anbraten, herausnehmen und beiseite stellen.
3. Den Lauch putzen, waschen und in feine Ringe schneiden. Die Knoblauchzehe schälen und fein hakken. Zusammen in dem heißen Öl weich schmoren. Anschließend die abgetropften Pilze und das Einweichwasser dazugeben, ebenso die gewaschenen Sojasprossen und die Erbsen. Leicht kochen lassen.
4. Inzwischen die Möhre und den Sellerie schälen und in feine Streifen schneiden, die Champignons putzen und blättrig schneiden. In die Pfanne geben und 5 Minuten mitschmoren.
5. Nun den gekochten Reis und die heiße Hühnerbrühe dazugeben. Die Reissuppe 5 weitere Minuten kochen lassen, dann mit Ingwer, Sojasauce, Sherry und Chilipulver würzen, die Hähnchenbrustfiletwürfel dazugeben und vor dem Servieren mit den Schnittlauchröllchen bestreuen.
(Foto Seite 60)

Hühnersuppe mit Krabben und Eierblumen

Für 4 Portionen

5 Frühlingszwiebeln
1 Möhre
2 EL Sojaöl
50 g gekochter Schinken
1 Stück Bleichsellerie
1 l kräftige Hühnerbrühe (siehe Seite 20)
½ TL frisch geriebener Ingwer
2 EL Sojasauce
Chilipulver
2 frische Hummerkrabben
2 Eier
1 EL Sojasauce
Salz
1 TL Sojaöl

1. Die Frühlingszwiebeln putzen (nur der weiße und hellgrüne Teil wird verwendet) und in fingerlange, aber dünne Streifen schneiden. Die Möhre schälen und ebenfalls in fingerlange, dünne Streifen schneiden.

2. Beides in dem heißen Öl etwa 5 Minuten schmoren. Den Schinken in Streifen schneiden, den Bleichsellerie abfädeln und ebenfalls in Streifen schneiden. Mit der heißen Hühnerbrühe, dem geriebenen Ingwer, der Sojasauce und etwas Chilipulver in den Topf zu den Zwiebeln geben und ungefähr 5 Minuten kochen lassen.

3. Die Hummerkrabben schälen, den Darm entfernen und die Krabben längs halbieren. In der Suppe 3 Minuten gar ziehen lassen.

4. Die Eier mit den restlichen Zutaten verrühren und durch ein feines Sieb in die heiße Suppe geben.
(Foto Seite 61)

Curryrahmsuppe mit Putenfleisch

Für 4 Portionen

1 Putenkeule (etwa 500 g)
1 l kräftige Hühnerbrühe (siehe Seite 20)
2 Lorbeerblätter
2 Schalotten
1 Knoblauchzehe
2 EL Butter
2 Tomaten
1 Apfel
1 kleine, reife Banane
2–3 EL Curry
1 Döschen Safran
200 g Crème fraîche
Salz, Pfeffer aus der Mühle
40 g gehobelte Mandeln

1. Die Putenkeule unter fließendem Wasser waschen und trockentupfen. In der heißen Hühnerbrühe mit den beiden Lorbeerblättern etwa 40 Minuten garen.
2. In der Zwischenzeit die Schalotten und die Knoblauchzehe schälen und fein hacken. In der heißen Butter weich dünsten.
3. Die Tomaten vom Stielansatz befreien, mit heißem Wasser überbrühen, häuten und vierteln, den Apfel schälen, das Kerngehäuse herausschneiden. Die Apfelstücke grob würfeln. Die Banane schälen und mit einer Gabel zermusen.
4. Die Tomaten- und Apfelstücke sowie die zermuste Banane zu den Zwiebeln geben und 5 Minuten weich schmoren. Mit Curry und Safran würzen, die Crème fraîche unterziehen und anschließend alles mit dem Pürierstab zu einer cremigen Masse verarbeiten.
5. Die weichgekochte Putenkeule und die Lorbeerblätter aus der Brühe nehmen und etwas abkühlen lassen. Das Fleisch vom Knochen lösen. Die Haut und die Sehnen entfernen, das Fleisch in Würfel schneiden.
6. Die Currycreme in die heiße Suppe rühren, das Putenfleisch dazugeben und die Curryrahmsuppe mit Salz und frisch gemahlenem Pfeffer abschmecken. Die Mandeln darüberstreuen.
(Foto Seite 62)

DER GUTE TIP

Statt der Putenkeule kann diese Suppe auch mit einem Hähnchenbrustfilet zubereitet werden. Es darf jedoch nur etwa 5–7 Minuten garen, sonst wird das Fleisch hart und trokken.
Die Curryrahmsuppe wird gehaltvoller, wenn in der Hühnerbrühe eine Tasse Reis etwa 20 Minuten mitgekocht wird.

Schneckensuppe

Für 4 Portionen

1 Dose Schnecken
3/4 l kräftige Hühnerbrühe (siehe Seite 20)
1 Bund Suppengrün
1 Schalotte
2 Knoblauchzehen
40 g Butter
1 EL Mehl
1/2 Bund Petersilie
100 g frische rosa Champignons
1/8 l Weißwein
200 g süße Sahne
1 Eigelb
Salz, Cayennepfeffer

1. Die Schnecken abgießen und die Flüssigkeit auffangen. Diesen Schneckensud durch ein Sieb gießen und mit 1/8 l Hühnerbrühe zum Kochen bringen. Die Schnecken darin 15 Minuten leise kochen.
2. Inzwischen das Suppengrün putzen, waschen und fein würfeln. Die Schalotte und die Knoblauchzehen schälen und fein hacken. Diese Gemüsewürfel in 30 g Butter 5 Minuten schmoren.
3. Die restlichen 10 g Butter mit dem Mehl verkneten und kühl stellen.
4. Die Petersilie waschen und hacken. Die Champignons putzen und fein hacken. Beides in die Pfanne zu dem gedünsteten Gemüse geben und kurz erhitzen.

5. Die weichgekochten Schnecken fein hacken.
6. Die restliche Hühnerbrühe zu dem Schneckensud gießen und zum Kochen bringen. Die kühl gestellte Mehlbutter in kleinen Bröckchen in die heiße Suppe geben und unter Rühren auflösen. Sobald die Suppe gebunden ist, das gedünstete Gemüse, die Schnecken, den Weißwein und die Hälfte der Sahne in die Suppe geben und erhitzen.
7. Die restliche Sahne halbsteif schlagen, mit dem Eigelb mischen und langsam in die heiße, aber nicht mehr kochende Suppe rühren. Mit Salz und Cayennepfeffer abschmecken.
(Foto Seite 63: links)

Zucchinisuppe mit Hähnchenkeule

Für 4 Portionen

1 Hähnchenkeule
¾ l kräftige Hühnerbrühe (siehe Seite 20)
2 Zwiebeln
4 Knoblauchzehen
2 EL kaltgepreßtes Olivenöl
400 g Zucchini
⅛ l Weißwein
1 Ecke Sahneschmelzkäse
25 g Butter
1 EL gehackte Petersilie
4 Scheiben Baguette
200 g Crème fraîche
Salz
einige Tropfen Tabasco
2 EL gehobelte Haselnüsse

1. Die Hähnchenkeule waschen und trockentupfen. Die Hühnerbrühe zum Kochen bringen und die Keule darin 30 Minuten leicht kochen lassen.
2. Die Zwiebeln und die Knoblauchzehen schälen. Die Zwiebeln und 2 Knoblauchzehen würfeln, in dem heißen Olivenöl 5 Minuten dünsten.
3. Die Zucchini waschen, die Enden abschneiden. Grob raffeln und in die Pfanne zu den Zwiebeln geben. Den Wein hinzufügen und weitere 5 Minuten leicht kochen lassen. Dann den zerkleinerten Schmelzkäse in der heißen Masse auflösen.
4. Die beiden restlichen Knoblauchzehen durch die Presse drücken und mit der weichen Butter und der Petersilie gut mischen. Auf die 4 Baguettescheiben streichen und unter dem heißen Grill 2–3 Minuten grillen.
5. Die weiche Hähnchenkeule aus der Brühe nehmen, vom Knochen lösen. Das Fleisch in feine Streifen schneiden und mit den Zucchinis in die Brühe geben, die Crème fraîche einrühren, aufkochen, mit Salz und Tabasco abschmecken.
6. Die Haselnüsse in einer Pfanne rösten.
7. Die Suppe in Suppentassen füllen, je eine gegrillte Brotscheibe darüber setzen und alles mit den gerösteten Haselnüssen bestreuen.
(Foto Seite 63: rechts)

Geflügel in Hülle und Fülle

Die Zeiten, als Huhn ein Essen für Sonn- und Feiertage war, sind vorbei. Geflügelfleisch ist heute preiswert und so vielfältig im Geschmack, daß es mehrmals in der Woche auf dem Speiseplan stehen kann, ohne Eintönigkeit hervorzurufen. Die folgenden Rezepte zeigen, wie ein schneller Mittagstisch mit glasierten Hähnchenkeulen, eine kalorienarme Mahlzeit mit Hähnchenbrustfilet, ein leichtes, raffiniertes Abendessen mit gefüllten Putenschnitzeln und eine sättigende Hauptmahlzeit mit einem Gänseragout zubereitet werden kann. Wir schmoren und braten in Pfannen, Töpfen und im Backofen. Wir würzen mit (fast) allem, was Gewürzschrank und Kräutergarten zu bieten haben. Obendrein machen wir Vorschläge für die besten Beilagen.

Täubchen auf Tomatenreis,
Rezept Seite 66

Täubchen auf Tomatenreis

Für 4 Portionen

4 junge Tauben
½ TL Salz
½ TL weiße Pfefferkörner
12 grüne Oliven ohne Kern
1 EL frische Salbeiblätter
1 EL frische Thymianblätter
1 EL frische Rosmarinnadeln
oder je 1 TL getrocknete Kräuter
½ Tasse kaltgepreßtes Olivenöl
1 Glas Rotwein
4 EL Zitronensaft
1 TL abgeriebene Schale einer ungespritzten Zitrone

Beilage:
2 Tassen Reis
5 Tassen Salzwasser
600 g Tomaten
1 EL kaltgepreßtes Olivenöl
2 EL Butter
einige Tropfen Tabasco

1. Die Tauben unter fließendem Wasser innen und außen abspülen und trockentupfen.
2. Das Salz in eine Schüssel geben. Die Pfefferkörner im Mörser grob zerstoßen, die Oliven fein hacken, beides mit den Kräutern und dem Salz mischen.
3. Das Olivenöl, den Rotwein sowie den Zitronensaft und die Zitronenschale dazugeben. Die Tauben innen und außen mit dieser Marinade bestreichen und mindestens 12 Stunden, besser 24 Stunden durchziehen lassen. Dabei die Tauben öfter mit der Marinade bestreichen.
4. Den Backofen auf 150° C vorheizen. Die Tauben abtropfen lassen und insgesamt etwa 15 Minuten braten. Dabei zweimal wenden und öfter mit der Marinade einpinseln.
5. In der Zwischenzeit den gewaschenen Reis in dem Salzwasser etwa 20 Minuten garen und abgießen.
6. Die Tomaten vom Stielansatz befreien, anschließend für 30 Sekunden in kochendes Wasser tauchen und die Haut abziehen. Die Tomaten vierteln, die Kerne entfernen und das Fruchtfleisch in Streifen schneiden. Dann mit dem Reis, dem Olivenöl und der Butter mischen, mit Tabasco würzig abschmecken.
7. Die fertig gebratenen Tauben in Keulen und Bruststücke zerlegen, auf dem Tomatenreis anrichten und mit dem Bratenfond begießen.
(Foto Seite 64/65)

Sonntagshähnchen

Für 4 Portionen

2 Hähnchen (à 900 g)
2 grobe Bratwürste
2 EL Butter
2 EL kaltgepreßtes Olivenöl
2 Schalotten
1 Knoblauchzehe
100 g gekochter Schinken
1 kleine Dose Tomaten
1 kleiner Apfel
3 altbackene Brötchen
¼ l Hühnerbrühe siehe Seite 20)
oder Instantbrühe
1–2 EL gemahlene Mandeln
50 g geriebener mittelalter Gouda
50 g kalifornische Rosinen
2 Eier
½ TL abgeriebene Schale einer ungespritzten Zitrone
½ TL getrockneter Salbei
½ TL getrockneter Thymian
½ TL Salz
Pfeffer aus der Mühle

außerdem:
2 EL Butter
3 EL Olivenöl
¼ TL Salz
Pfeffer aus der Mühle
1 TL edelsüßes Paprikapulver
¼ l Hühnerbrühe
2 Äpfel

1. Die Hähnchen innen und außen unter fließendem Wasser waschen und trockentupfen.
2. Für die Füllung die Bratwürste aus den Därmen drücken und in der heißen Butter und dem Olivenöl langsam krümelig braten.
3. Die Schalotten und die Knoblauchzehe schälen und fein hacken. Den gekochten Schinken fein würfeln. Beides zur Bratwurst geben und kurz schmoren.
4. Die Tomaten durch ein Sieb streichen und den Pfanneninhalt damit ablöschen.
5. Den Apfel schälen, das Kerngehäuse entfernen, das Fruchtfleisch fein würfeln, ebenfalls in die Pfanne geben und untermischen. Diese Masse nun in eine große Schüssel umfüllen.
6. Von den Brötchen die Rinde abreiben, anschließend mit der heißen Hühnerbrühe übergießen. Die geweichten Brötchen dann gut ausdrücken und mit den Mandeln, dem Käse, den Rosinen, den aufgeschlagenen Eiern und den Gewürzen zu der Bratwurstmasse geben. Die Füllung für die beiden Hähnchen gründlich mischen und anschließend abschmecken.
7. Die beiden Hähnchen füllen, die Öffnung mit Küchengarn zunähen und die Keulen sowie die Flügel zusammenbinden, damit die Hähnchen ihre Form behalten.
8. Die Butter schmelzen lassen und mit dem Olivenöl, Salz, Pfeffer und Paprikapulver verrühren. Die Hähnchen damit rundher-

um mit Hilfe eines Küchenpinsels bestreichen.
9. Die beiden Hähnchen mit der Brustseite nach unten in einen entsprechend großen Bräter legen und in den heißen Backofen schieben.
10. Nach etwa 5 Minuten die Hähnchen wenden. Nach weiteren 5 Minuten die Hälfte der heißen Brühe dazugießen, die restliche Brühe nach weiteren 10 Minuten. Die Hähnchen etwa alle 10 Minuten mit etwas Bratenfond begießen. Die Gesamt-Schmorzeit beträgt etwa 55 Minuten.
11. Die Äpfel in dicke Scheiben schneiden und die letzten 5 Minuten zu den Hähnchen in den Schmortopf geben.
Dazu paßt körniger Reis mit gerösteten Mandeln gemischt.
(Foto Seite 67)

Poulardentopf mit Mittelmeergemüse

Für 4 Portionen

1 Poularde (etwa 1,3 kg)
Salz, Pfeffer aus der Mühle
1 EL getrocknete Kräuter der Provence
5 EL kaltgepreßtes Olivenöl
2 Lorbeerblätter
250 g Tomaten
1 Aubergine
2 Zucchini
3 Zwiebeln
1 Knoblauchzehe
1 kleine Dose Artischockenherzen
1/8 l kräftige Hühnerbrühe (siehe Seite 20) oder Instantbrühe
1/8 l kräftiger Rotwein
1 Bund Petersilie

1. Die Poularde unter fließendem Wasser waschen und trockentupfen. Anschließend in vier Teile schneiden und mit Salz, Pfeffer und den Kräutern gut einreiben.
2. Das Öl in einem Bräter erhitzen und die Poulardenteile darin rundherum insgesamt 10 Minuten anbraten. Die Lorbeerblätter dazulegen.
3. Inzwischen die Tomaten vom Stielansatz befreien, mit kochendem Wasser überbrühen, häuten und achteln, die Aubergine und die Zucchini waschen und putzen. Die Aubergine in 2 x 2 cm große Würfel, die Zucchini in dikke Scheiben schneiden. Die Zwiebeln schälen und achteln. Die Knoblauchzehe schälen und fein hakken. Alles zusammen zur Poularde in den Topf geben und weitere 10 Minuten mitschmoren.
4. Die Artischocken abgießen und mit der heißen Hühnerbrühe und dem Rotwein zur Poularde geben. Nach insgesamt etwa 60 Minuten ist die Poularde weich.
Vor dem Servieren mit viel gehackter Petersilie bestreuen.
Dazu schmeckt am besten ein knuspriges Baguette.

Poularde mit rotem Paprika

Für 4 Portionen

1 Poularde (etwa 1,3 kg)
2 EL Sonnenblumenöl
2 Knoblauchzehen
1/2 TL Rosenpaprika, scharf
1/2 TL Salz
1/4 l Hühnerbrühe (siehe Seite 20) oder Instantbrühe
3 Zwiebeln
3 Tomaten
3 rote Paprikaschoten
2 EL flüssige Butter
1 Prise Zucker
Salz
1 Msp. gemahlener Kümmel
1 Bund Petersilie

1. Die Poularde unter fließendem Wasser innen und außen waschen und trockentupfen. Den Backofen auf 200° C vorheizen.
2. Das Sonnenblumenöl in ein kleines Gefäß gießen. Die Knoblauchzehen schälen und durch die Presse zum Öl drücken, den Rosenpaprika und das Salz untermischen. Damit die Poularde innen und außen einreiben.
3. Die gewürzte Poularde mit der Brust nach unten in einen Bräter setzen und in den heißen Backofen schieben, das restliche Öl darübergießen.
4. Nach gut 5 Minuten die Poularde wenden und die Hälfte der heißen Hühnerbrühe angießen. Nach weiteren 5 Minuten die restliche Hühnerbrühe dazugeben.
5. Die Zwiebeln schälen und achteln, die Tomaten vom Stielansatz befreien, kurz mit kochendem Wasser überbrühen, häuten und vierteln. Die Paprikaschoten halbieren, putzen und dann in 2 cm dicke Streifen schneiden. Dieses Gemüse um die Poularde legen, mit der flüssigen Butter beträufeln, mit Zucker, Salz und Kümmel würzen.
6. Nach etwa 60 Minuten sollte die Poularde weich sein. In vier Teile schneiden, mit dem Gemüse umlegen und viel gehackter Petersilie bestreuen. Dazu schmecken breite Bandnudeln mit Butter.

DER GUTE TIP

Viele Menschen vertragen die Paprikaschoten nicht. Deshalb ist es in einem solchen Fall ratsam, die halbierten Schoten solange unter den heißen Grill zu legen, bis die Haut schwarz wird und aufplatzt. Kurze Zeit ruhen lassen. Nun lassen sich die Früchte leicht schälen. In diesem Fall genügt es, die bereits gegarten Früchte nur für 5 Minuten mit der Poularde zu garen.
Eine andere Möglichkeit besteht darin, das Gemüse mit dem Bratenfond zu pürieren und eventuell zusätzlich durch ein Sieb zu streichen.

Hähnchen mit Mandelsauce

Für 4 Portionen

2 Hähnchen (à 900 g)
Salz, Pfeffer aus der Mühle
1/2 TL Curry
1 EL Butterschmalz
1 kleine Dose Ananas
2 Zwiebeln
4 Möhren
4 Stangen Lauch
150 g gemahlene Mandeln
200 ml süße Sahne
40 g Butter

1. Die Hähnchen unter fließendem Wasser waschen und trockentupfen, anschließend mit Salz, Pfeffer und Curry einreiben.

2. Das Butterschmalz in einem Bräter erhitzen und die Hähnchen darin rundherum bräunen. Die Ananas abgießen, den Saft dabei auffangen und einen Teil davon an die Hähnchen gießen.

3. Die Zwiebeln und die Möhren schälen und würfeln. Den Lauch putzen (nur der weiße und hellgrüne Teil wird verwendet), in Ringe schneiden und waschen. Das Gemüse zu den Hähnchen legen, die Mandeln und die Sahne dazugeben, mischen und abgedeckt etwa 40 Minuten schmoren.

4. Die Butter leicht bräunen und die gut abgetropften Ananasscheiben darin auf beiden Seiten erhitzen.

5. Die fertigen Hähnchen zerteilen, die Sauce durchrühren, abschmecken und mit den Ananasscheiben über das Geflügel geben. Dazu paßt in Butter geschwenkter Reis.
(Foto Seite 69)

Gefüllte Poularde

Für 4 Portionen

1 Poularde (etwa 1,5 kg)
Salz
Pfeffer aus der Mühle
100 g Backpflaumen ohne Kern
50 g kalifornische Rosinen
1/8 l heißer Apfelwein
1 säuerlicher Apfel
150 g durchwachsener Speck in dünnen Scheiben
1 EL Schweineschmalz
2 Tassen Langkornreis
5 Tassen kräftige Hühnerbrühe (siehe Seite 20)
1 EL Curry
2 EL Butter

1. Die Poularde innen und außen unter fließendem Wasser waschen und trockentupfen. Innen und außen mit Salz und Pfeffer einreiben. Den Backofen auf 200° C vorheizen.
2. Die Backpflaumen grob würfeln, mit den Rosinen mischen und ungefähr 5 Minuten in heißem Apfelwein quellen lassen.
3. Inzwischen den Apfel vom Kerngehäuse befreien, das Fruchtfleisch fein würfeln, mit den abgetropften Pflaumen und den Rosinen mischen und in die Poularde füllen. Anschließend den Bauch mit Küchengarn zunähen.
4. Den Speck um die Poularde wickeln und festbinden. Das Schmalz in einem Bräter erhitzen und die Poularde darin rundherum anbraten, mit Apfelwein ablöschen und etwa 60 Minuten abgedeckt im heißen Backofen garen. Die Poularde nach der Hälfte der Garzeit einmal wenden.
5. Inzwischen den Reis in der Brühe gar kochen, abgießen, mit der Butter und dem Curry abschmecken.
6. Die fertig gebratene Poularde in vier Teile schneiden und mit der Füllung und dem Reis servieren.
(Foto Seite 70)

Glasierte Hähnchenkeulen

Für 4 Portionen

8 Hähnchenkeulen
Salz
Pfeffer aus der Mühle
1 EL edelsüßes Paprikapulver
4 EL Sonnenblumenöl
4 EL flüssige Butter

Glasur:

4 EL Aprikosenmarmelade
1 EL Tomatenmark
2 EL Weißweinessig
1 TL getrockneter Thymian
1 TL getrockneter Majoran
2 Knoblauchzehen
1 TL Salz
4 EL Sonnenblumenöl
4 cl Weinbrand

außerdem:

2 Päckchen Kresse
2 Gläser süßsaures Essiggemüse

1. Die Hähnchenkeulen unter fließendem Wasser waschen und trockentupfen. Mit Salz, Pfeffer und dem Paprikapulver einreiben. Den Backofen auf 200° C vorheizen.
2. Das Öl in zwei Bratpfannen erhitzen und die Keulen darin auf beiden Seiten anbraten. Anschließend die Keulen mit der Hautseite nach oben in die Saftpfanne des Backofens legen und mit der flüssigen Butter bestreichen. Die Keulen etwa 30 Minuten braten.

3. Die Aprikosenmarmelade leicht erhitzen, dann mit dem Tomatenmark, dem Essig und den Kräutern glattrühren.
4. Die Knoblauchzehen schälen und durch die Presse zur Glasur drükken, Salz, Öl und Weinbrand dazugeben.
5. Die Hähnchenkeulen 10 Minuten vor dem Garende dick mit der Glasur bestreichen.
6. Die Hähnchenkeulen auf eine Platte legen. Die Kresse abspülen und zusammen mit dem Essiggemüse um die Keulen legen.
Dazu schmecken getoastete Weißbrotscheiben.

DER GUTE TIP

Glasierte Hähnchenkeulen schmecken auch kalt sehr gut.

Gegrillte Hähnchenkeulen auf Zwiebeln

Für 4 Portionen

4 Hähnchenkeulen
Salz
Pfeffer aus der Mühle
1 TL getrockneter Majoran
6 EL kaltgepreßtes Olivenöl
500 g Zwiebeln
3 EL kaltgepreßtes Olivenöl
1 TL Zucker
1/4 l Hühnerbrühe (siehe Seite 20) oder Instantbrühe
1 Zucchino
1 rote Paprikaschote
1 Glas mit Paprika gefüllte Oliven
2 EL Tomatenmark
100 g süße Sahne
1 Bund Schnittlauch

1. Die Hähnchenkeulen unter fließendem Wasser waschen und trockentupfen. Salz, Pfeffer und Majoran mit 3 Eßlöffeln Öl mischen und die Keulen damit rundherum einreiben. Für etwa 25 Minuten unter den heißen Grill legen. Zwischendurch zweimal wenden und immer wieder mit dem Bratensaft bestreichen.
2. Die Zwiebeln schälen und achteln. In dem restlichen Öl 5 Minuten braten, mit dem Zucker bestreuen und die Brühe angießen.
3. Den Zucchino und die Paprikaschote putzen, waschen, würfeln, die Oliven abgießen und halbieren, alles mit den Zwiebeln weich kochen.
4. Das Tomatenmark mit der Sahne verrühren und in das Gemüse geben, leicht einkochen lassen. Die fertigen Keulen auf dem Gemüse servieren und mit Schnittlauchröllchen bestreuen.
Dazu paßt körniger Reis mit Speckwürfelchen.
(Foto Seite 71)

Hähnchenkeulen in Wein geschmort

Für 4 Portionen

4 Hähnchenkeulen
Salz
Pfeffer aus der Mühle
2 cl Roséwein
2 EL Sonnenblumenöl
100 g durchwachsener Speck
200 g Schalotten
8 Artischockenherzen aus dem Glas
200 g kleine frische Champignons
1/4 l Roséwein
2 Lorbeerblätter
1 EL frische Thymianblätter
200 ml Geflügelfond aus dem Glas
1 EL Speisestärke

1. Die Hähnchenkeulen unter fließendem Wasser waschen und trockentupfen. Das Salz mit dem Pfeffer, dem Wein und dem Öl verrühren und die Keulen damit einreiben, beiseite stellen.
2. Während die Hähnchenkeulen durchziehen, Speck fein würfeln und in einem Bräter langsam auslassen.
3. Die Schalotten schälen und je nach Größe ganz lassen, halbieren oder vierteln. Die Artischockenherzen abgießen, die Champignons putzen.
4. Die Keulen in dem ausgelassenen Speck rundherum anbraten, das Gemüse und die Hälfte des Roséweins, die Lorbeerblätter und die Thymianblätter dazugeben. Im abgedeckten Topf 15 Minuten schmoren lassen, die andere Hälfte des Weins dazugießen und weitere 15 Minuten garen.
5. Die gegarten Keulen aus dem Topf nehmen, die Lorbeerblätter entfernen. Den Geflügelfond mit der Speisestärke verrühren, die Sauce damit binden, die Keulen wieder dazugeben und nochmals erwärmen.
Dazu passen am besten Bratkartoffeln.
(Foto Seite 72)

Fritierte Hähnchenkeulen

Für 2 Portionen

2 Hähnchenkeulen
Salz
Pfeffer aus der Mühle
50 g Mehl
1 Ei
3 EL Semmelbrösel
1 TL abgeriebene Schale einer unbehandelten Zitrone
1 EL gehackte Zitronenmelisse oder Salbei
Öl zum Fritieren
100 g durchwachsener Speck
1 Zwiebel
6 cl Rotwein
1/8 l Bratensauce (Fertigprodukt)
1/2 TL getrockneter Thymian

1. Die Hähnchenkeulen unter fließendem Wasser gründlich waschen und trockentupfen. Anschließend mit Salz und Pfeffer einreiben.

2. Die Keulen zuerst mit Mehl bestäuben und anschließend durch das verquirlte Ei ziehen.

3. Die Semmelbrösel mit der Zitronenschale und der Zitronenmelisse mischen. Die Keulen damit panieren und in dem heißen Fett etwa 10 Minuten fritieren.

4. Inzwischen den Speck fein würfeln und in einem Topf langsam auslassen. Die Zwiebel schälen und fein würfeln, zum Speck geben und weich dünsten. Den Rotwein angießen und einmal aufkochen lassen, dann die Bratensauce und den Thymian dazugeben und die Sauce nochmals abschmecken.

5. Die fertig fritierten Keulen auf Küchenpapier abtropfen lassen und mit der Specksauce servieren. Dazu schmeckt Kartoffelpüree.

(Foto Seite 73)

Gefüllte Hähnchenbrust

Für 4 Portionen

2 Hähnchenbrustfilets
(à 250 g)
100 g Hühnerleber
50 g Hühnerherzen oder
gekochter Schinken
100 g durchwachsenes
Schweinefleisch
½ Zwiebel
1 Bund gehackte Petersilie
½ Brötchen
etwas Milch
1 Ei
1–2 EL Semmelbrösel
Salz, Cayennepfeffer
1 TL edelsüßes Paprikapulver
1 EL Senf
1 EL Mehl
100 g durchwachsener Speck
10 Frühlingszwiebeln
2 Stangen Bleichsellerie
2 große Möhren
200 ml Geflügelfond
(Fertigprodukt)
2 EL Crème double
einige Spritzer Tabasco

1. Die Hähnchenbrustfilets unter fließendem Wasser waschen, trockentupfen und halbieren. In die 4 Filets eine Tasche schneiden.
2. Die Leber putzen und waschen, ebenso die Herzen. Die Lebern, die Herzen oder den gekochten Schinken, das Schweinefleisch, die Zwiebeln und die Petersilie durch die feine Scheibe des Fleischwolfs drehen.
3. Das halbe Brötchen mit etwas Milch übergießen, ausdrücken und ebenfalls durch den Fleischwolf drehen.
4. Die Masse mit dem Ei und den Semmelbröseln vermengen. Danach mit Salz, Cayennepfeffer, Paprikapulver und Senf würzen.
5. Diese Farce in die vorbereiteten Fleischtaschen füllen. Mit Zahnstochern zustecken und mit Küchengarn umwickeln, dann in Mehl wälzen.
6. Den Speck fein würfeln und in einem Bräter auslassen. Die gefüllten Filets darin rundherum 5 Minuten anbraten und wieder herausnehmen.
7. Inzwischen die Frühlingszwiebeln putzen und waschen (nur der weiße und hellgrüne Teil wird verwendet). Den Bleichsellerie abfädeln und einmal längs und einmal quer halbieren. Die Möhren schälen, quer halbieren, dann der Länge nach vierteln. Das Gemüse mit dem Fond zum Speck geben und 10 Minuten garen.
8. Nun die angebratenen Filets auf das Gemüse setzen und weitere 10 Minuten garen. Nach 5 Minuten einmal wenden. Zum Schluß die Crème double mit dem Gemüse verrühren und mit Tabasco abschmecken.
Dazu passen kleine Semmelknödel.

Hähnchenbrust in Nektarinensauce

Für 4 Portionen

4 Hähnchenbrustfilets
Salz
Pfeffer aus der Mühle
1 TL Curry
2 EL Butterschmalz
¼ l Weißwein
4 reife Nektarinen
4 cl Orangenlikör
1 TL Speisestärke
25 g Pinienkerne

1. Die Hähnchenbrustfilets unter fließendem Wasser waschen und trockentupfen. Anschließend die Hähnchenbrüste halbieren, so daß Sie 8 halbe Filets erhalten. Das Fleisch rundherum mit Salz, Pfeffer und Curry bestreuen.
2. Das Butterschmalz in einem Topf erhitzen und die Filets darin auf jeder Seite 2–3 Minuten (je nach Dicke) braten, herausnehmen und warm stellen.
3. Den Weißwein in den Brattopf gießen und leise kochen lassen. In der Zwischenzeit die Nektarinen mit heißem Wasser überbrühen und häuten. Die Früchte halbieren und entkernen. Die Hälfte der Früchte würfeln, die andere Hälfte in Spalte schneiden.
4. Die Nektarinenwürfel in dem Weißwein garen. Den Orangenlikör dazugießen. Die Sauce mit dem Pürierstab pürieren.
5. Die Speisestärke mit etwas kaltem Wasser glattrühren und die Sauce damit binden. Die Nektarinenspalte darin erwärmen, anschließend die Hähnchenbrustfilets darauf legen und ebenfalls noch einmal erwärmen.
6. Die Pinienkerne in einer Pfanne ohne Fett leicht rösten.
7. Die Sauce auf angewärmte Teller geben, die Filets darübersetzen und mit den Pinienkernen bestreuen.
Dazu paßt Reis oder ein knuspriges Baguette.
(Foto Seite 75)

DER GUTE TIP

Wenn hier von Hähnchenbrustfilets die Rede ist, sind immer Doppelfilets gemeint, die 200 bis 300 g wiegen. Es gibt aber auch Doppelfilets, die bis zu 450 g auf die Waage bringen. Mitunter bietet der Handel auch halbe Hähnchenbrustfilets an, die in der Regel zwischen 100 g und 180 g wiegen.

Hähnchenbrust mit angebratenem Knoblauch

Für 4 Portionen

4 Hähnchenbrustfilets
12 Knoblauchzehen
8 EL kaltgepreßtes Olivenöl
Salz, Pfeffer aus der Mühle
1/2 Bund gehackte Petersilie
250 g Kirschtomaten
1 kleine Dose weiße Bohnen
200 g Crème fraîche

1. Die Hähnchenbrustfilets unter fließendem Wasser waschen und trockentupfen. Anschließend halbieren, so daß Sie insgesamt 8 Filets erhalten.
2. Zwei Knoblauchzehen schälen und durch die Presse in ein Gefäß drükken, 3 Eßlöffel Olivenöl, Salz, Pfeffer und die gehackte Petersilie dazugeben, mischen und die Filets damit rundherum bestreichen. Abdecken und beiseite stellen.
3. Die Kirschtomaten waschen. Die weißen Bohnen abgießen.
4. Die restlichen Knoblauchzehen schälen und der Länge nach in gleich starke Scheibchen schneiden.
5. Die Filets in einer großen Pfanne auf jeder Seite 2–3 Minuten (je nach Dicke) braten. Gleichzeitig weitere 3 Eßlöffel Olivenöl in einer anderen Pfanne erhitzen und die Knoblauchscheibchen darin langsam braun schmoren.
6. Die Hähnchenbrustfilets aus der Pfanne nehmen und warm halten. Die Tomaten und die Bohnen in die Pfanne geben, das restliche Olivenöl darübergießen und erhitzen. Eventuell etwas Wasser angießen. Sobald das Gemüse heiß ist, die Filets darauf setzen.
7. Die Crème fraîche mit dem gebratenen Knoblauch verrühren, heiß werden lassen und über Filets und Gemüse gießen. Dazu paßt Baguette.

Hähnchenbrust mit grünem Pfeffer

Für 2 Portionen

2 Hähnchenbrustfilets
Salz, Pfeffer aus der Mühle
1 EL Butterschmalz
20 g Kräuterbutter
1 Zwiebel
1 EL grüne Pfefferkörner
1 EL flüssiger Honig
2 EL Zitronensaft
1 Zitrone
100 ml Weißwein
1/8 l Bratenfond
(Fertigprodukt)
einige Blätter Zitronenmelisse
1 TL Speisestärke

1. Die Hähnchenbrustfilets unter fließendem Wasser waschen und trockentupfen. Anschließend halbieren, so daß Sie insgesamt 4 Filets erhalten.
2. Die Filets salzen und pfeffern. In dem heißen Butterschmalz auf jeder Seite 2–3 Minuten braten (je nach Dicke). Aus der Pfanne nehmen und warm halten.
3. Anschließend die Kräuterbutter in die Pfanne geben. Die Zwiebel schälen und fein hacken, in der Kräuterbutter weich schmoren. Dann die Pfefferkörner, den flüssigen Honig und den Zitronensaft hinzufügen.
4. Die ganze Zitrone dick schälen, mit einem scharfen Messer die Filets herauslösen und zur Sauce geben. Den Weißwein, den Bratenfond und die fein gehackten Melisseblättchen dazugeben.
5. Die Speisestärke mit etwas kaltem Wasser glattrühren und die Sauce damit binden. Die Hähnchenbrustfilets in der Sauce nochmals erhitzen.
Dazu passen Kroketten.
(Foto Seite 76)

Hähnchenbrust süß-sauer

Für 4 Portionen

150 g Kokosflocken
1/2 l süße Sahne
3 Zwiebeln
2 Knoblauchzehen
200 g Möhren
2 Hähnchenbrustfilets
2 EL Sonnenblumenöl
Salz
2 EL Curry
2 EL Zitronensaft
400 ml Geflügelfond
(Fertigprodukt)
1 kleine Dose Ananas
60 g ungesalzene
Cashewkerne
1 reife Banane
1 rote Chilischote
Rosenpaprika, scharf

1. Die Kokosflocken 30 Minuten in der Sahne ziehen lassen. Dann durch ein Sieb gießen und die Kokosflocken gut ausdrücken. Sie werden nicht mehr gebraucht.
2. Die Zwiebeln und Knoblauchzehen schälen und fein hacken, die Möhren schälen und würfeln.
3. Die Hähnchenbrustfilets unter fließendem Wasser waschen und trockentupfen. Dann in 2 x 2 cm große Würfel schneiden und in dem heißen Sonnenblumenöl 3 Minuten braten, herausnehmen, mit Salz, Curry und dem Zitronensaft mischen und beiseite stellen.

4. Zwiebeln, Knoblauch und Möhren mit dem Fond in das Bratfett geben und 10 Minuten garen. Die Ananasscheiben abgießen, den Saft dabei auffangen, die Scheiben klein schneiden und mit den Cashewkernen zum Gemüse geben. Die Hälfte der Kokossahne dazugießen, weitere 5 Minuten leicht kochen lassen.
5. Die Banane schälen und mit einer Gabel zermusen, mit der restlichen Kokossahne mischen und zum Gemüse gießen.
6. Die Chilischote der Länge nach aufschlitzen und die Kerne entfernen, die Chilischote fein schneiden und zum Gemüse geben.
7. Die gewürzten Fleischwürfel mit dem Gemüse mischen und nochmals erhitzen.
8. Vor dem Servieren mit Curry, scharfem Paprikapulver, Zitronensaft und dem aufgefangenen Ananassaft süß-sauer abschmecken.
Dazu schmeckt würziger Naturreis.
(Foto Seite 77)

DER GUTE TIP

Hähnchenbrustfilets sind in wenigen Minuten fertig gebraten. Werden sie zu lange erhitzt, wird das Fleisch hart und faserig.

Hühnersuppe mit Reis und Gemüse

Für 4 Portionen

1 Suppenhuhn
2 Lorbeerblätter
1 Bund Suppengrün
1 EL Salz
1 Zweig Thymian
1 Knoblauchzehe
1 Scheibe ungespritzte Zitrone
250 g Brokkoli
200 g Möhren
2 Stangen Lauch
300 g TK-Erbsen
100 g Reis
2 EL Sojasauce, 1 TL Curry
1 Dose Mandarinen
Pfeffer aus der Mühle
frisch geriebene Muskatnuß

1. Das Suppenhuhn unter fließendem Wasser innen und außen waschen und mit Küchenpapier trockentupfen.
2. Das Huhn in einen großen Topf legen, die Lorbeerblätter, das geputzte Suppengrün, das Salz, den Thymian, die geschälte Knoblauchzehe und die Zitronenscheibe dazulegen und mit 1,5 l kaltem Wasser auffüllen. Das Huhn in ungefähr 75 Minuten garkochen und dann herausnehmen. Die Lorbeerblätter und die Zitronenscheibe entfernen. Das Huhn auf einem Teller auskühlen lassen.
3. Die Brühe auf großer Flamme 10 Minuten einkochen lassen, dann durch ein Sieb in einen anderen Topf gießen.
4. Den Brokkoli waschen, putzen und in Röschen teilen, die Möhren schälen und in Streifen schneiden, den Lauch putzen und ebenfalls in Scheiben schneiden.
5. Zusammen mit den Erbsen und dem gewaschenen Reis in der Hühnerbrühe etwa 20 Minuten garen.
6. Das Hühnerfleisch von den Knochen lösen, die Haut abziehen. Das Fleisch in mundgerechte Stücke schneiden. Mit der Sojasauce, dem Curry und den abgetropften Mandarinen zum gegarten Gemüse geben.
7. Die fertige Suppe zum Schluß noch mit Pfeffer und Muskatnuß abschmecken.
(Foto Seite 78)

Sommerlicher Hähnchentopf

Für 4 Portionen

1 Hähnchen (etwa 1000 g)
100 g durchwachsener Speck
1 EL Salz
1 Chilischote
3 Stengel Petersilie
1 Stück Sellerie
200 g Bohnen
100 g Erbsenschoten
1 Kohlrabi
2 Möhren
500 g Spargel
5 Frühlingszwiebeln
½ Tasse TK-Erbsen
50 g Buchstabennudeln oder andere kleine Suppennudeln
1 EL gehackte Petersilie
1 EL gehackter Dill
1 EL Schnittlauchröllchen

1. Das Hähnchen unter fließendem Wasser waschen und trockentupfen. Mit dem durchwachsenen Speck, dem Salz, der ganzen Chilischote, der Petersilie, dem Sellerie und 1,5 l Wasser zum Kochen bringen. 50 Minuten leise kochen lassen.
2. Inzwischen die Bohnen putzen und je nach Größe halbieren. Die Erbsenschoten putzen, den Kohlrabi schälen, erst in Scheiben dann in Streifen schneiden, die zarten Kohlrabiblätter grob zerkleinern, die anderen wegwerfen. Die Möhren schälen und in dünne Stifte schneiden. Den Spargel

schälen und in mundgerechte Stücke schneiden.
3. Die Spargelköpfe beiseite legen. Die Frühlingszwiebeln putzen (nur der weiße und hellgrüne Teil wird verwendet) und anschließend grob zerschneiden.
4. Das weichgekochte Huhn aus dem Topf nehmen und von den Knochen lösen, in mundgerechte Stücke schneiden. Den durchwachsenen Speck ebenfalls in mundgerechte Stücke schneiden. Die Brühe durch ein Sieb in einen anderen Topf gießen.
5. Das Gemüse unter fließendem Wasser waschen, dann (bis auf die Spargelköpfe und die TK-Erbsen) in der Brühe etwa 10 Minuten garen, die Spargelköpfe sowie die TK-Erbsen dazugeben und weitere 8 Minuten leise kochen lassen.
6. Zwischendurch etwas Brühe abnehmen und die Suppennudeln darin wenige Minuten garen.
7. Das zerkleinerte Fleisch und den Speck wieder in der Suppe erwärmen, die Nudeln dazugeben und die Kräuter unterrühren.

Hähnchenbrust mit Wirsing

Für 4 Portionen

2 Hähnchenbrustfilets
100 g gekochter Schinken
2 Zwiebeln
2 EL Butter
1 Dose weiße Bohnen
½ TL getrocknetes Bohnenkraut
500 g Wirsing, 1 Möhre
1 Tasse TK-Erbsen
1 TL Kümmel
1,5 l kräftige Hühnerbrühe (siehe Seite 20)
Pfeffer aus der Mühle
frisch geriebene Muskatnuß
Worcestersauce
200 g saure Sahne
1 Bund Schnittlauch

1. Die Hähnchenbrustfilets unter fließendem Wasser waschen und trockentupfen. Anschließend in 2 x 2 cm große Würfel schneiden.
2. Den Schinken in Streifen schneiden. Die Zwiebeln schälen und fein hakken. Die Butter erhitzen und die Zwiebeln darin weich dünsten, den Schinken und die Filetwürfel dazugeben und unter Rühren 3 Minuten braten.
3. Die weißen Bohnen abgießen und mit dem Pfanneninhalt verrühren, mit dem Bohnenkraut würzen und beiseite stellen.
4. Den Wirsing vierteln, den Strunk herausschneiden, die äußeren Blätter entfernen, den Kohl klein schneiden. Die Möhre schälen und in Stifte schneiden. Beides mit den Erbsen und dem Kümmel in einen Topf geben, mit der Hühnerbrühe auffüllen und 15 Minuten leicht kochen lassen.
5. Das Fleisch mit dem gekochten Schinken und den weißen Bohnen zum Gemüse geben, mischen und mit Pfeffer, Muskat und Worcestersauce fein abschmecken.
6. Die saure Sahne mit den Schnittlauchröllchen verrühren und über die Gemüseterrine verteilen.
(Foto Seite 79)

Reispfanne mit Hähnchenbrust

Für 6 Portionen

2 Hähnchenkeulen
2 Hähnchenbrustfilets
3 Zwiebeln
1 Knoblauchzehe
5 EL kaltgepreßtes Olivenöl
1 rote Paprikaschote
1 grüne Paprikaschote
1 Tasse TK-Erbsen
300 g Rundkornreis
1 Glas Rotwein
1 l kräftige Hühnerbrühe (siehe Seite 20)
1 Döschen Safran
1 TL getrocknete Rosmarinnadeln
Pfeffer aus der Mühle

1. Das Geflügelfleisch unter fließendem Wasser waschen und trockentupfen. Die Haut von der Keule lösen und in Würfel schneiden. Das Keulenfleisch vom Knochen lösen und in Streifen schneiden. Das Brustfilet ebenfalls würfeln.
2. Die Zwiebeln und die Knoblauchzehe schälen und fein hacken. 2 Eßlöffel Öl erhitzen und die Zwiebeln und den Knoblauch weich dünsten, das Keulenfleisch (ohne Haut) dazugeben und 5 Minuten schmoren, die Brustfiletwürfel dazugeben und 3 Minuten mitschmoren, dann alles warm stellen.
3. Die beiden Paprikaschoten putzen, waschen und würfeln. Mit den TK-Erbsen in heißem Wasser 10 Minuten garen, abgießen.
4. Das restliche Öl in einem großen Topf erhitzen und zuerst die gewürfelte Keulenhaut darin knusprig braten, herausnehmen und beiseite stellen.
5. In dem gleichen Öl den Langkornreis 5 Minuten anbraten, mit dem Rotwein ablöschen, dann die heiße Hühnerbrühe dazugeben. Den Reis mit dem Safran, den Rosmarinnadeln und dem Pfeffer würzen. 20 Minuten im geschlossenen Topf ausquellen lassen.
6. Den Reis mit dem Geflügelfleisch, der knusprigen Haut und dem Gemüse mischen, nochmals vorsichtig erwärmen und sofort servieren.
(Foto Seite 80)

Blechkuchen mit Hähnchenbrust und Brokkoli

Für 4 Portionen

1 Packung Fix-Teig für Pizza und Gemüsekuchen
1 Hähnchenbrustfilet (etwa 250 g)
Salz
Pfeffer aus der Mühle
2 Knoblauchzehen
2 EL kaltgepreßtes Olivenöl
150 g gekochter Schinken
1 kg Brokkoli
1 kg Fleischtomaten
Salz
Pfeffer aus der Mühle
1 TL getrockneter Oregano
600 g Mozzarella
2–3 EL kaltgepreßtes Olivenöl

1. Den Teig (2 Beutel) nach Packungsvorschrift zubereiten und auf einem mit Backpapier ausgelegten Backblech ausrollen
2. Das Brustfilet unter fließendem Wasser waschen und trockentupfen, mit Salz und Pfeffer würzen.
3. Den Knoblauch schälen und durch die Presse drücken. Mit dem Olivenöl in einer Pfanne erhitzen und das Fleisch auf beiden Seiten je 1 Minute darin anbraten, herausnehmen und abkühlen lassen. Dann in sehr dünne Scheiben schneiden.
4. Den Schinken würfeln, mit dem Knoblauchöl verrühren, zu den Fleischscheiben geben und mischen. Den Backofen auf 220° C vorheizen.
5. Den Brokkoli putzen. Die Stiele schälen und in Scheiben schneiden, die Röschen zerteilen. Die Brokkolistiele 5 Minuten in heißem Wasser kochen, dann erst die Röschen dazugeben, weitere 5 Minuten kochen und abgießen.
6. Die Tomaten waschen, vom Stielansatz befreien, kurz mit heißem Wasser überbrühen, häuten und achteln. Die Kerne entfernen und die Tomaten in Streifen schneiden.
7. Den Teigboden mit dem Fleisch, den Brokkoli und den Tomaten belegen, mit Salz, Pfeffer und Oregano bestreuen.
8. Die Mozzarella in Scheiben schneiden.
9. Das Blech auf den Boden des Backofens stellen und 15 Minuten backen, dann die Käsescheiben darüberlegen, mit dem Öl beträufeln und weitere 5–8 Minuten backen. Zum Schluß den fertigen Blechkuchen in Quadrate schneiden.

Putenfleisch mit Sellerie und Äpfeln

Für 4 Portionen

300 g Putenschnitzel
300 g Kalbsleber
2 EL Sonnenblumenöl
Salz, Pfeffer aus der Mühle
3 Stangen Bleichsellerie
2 Äpfel
1/8 l Weißwein
1/8 l Instanthühnerbrühe
1 TL Speisestärke
4 EL süße Sahne
1/2 Bund Petersilie
3 EL Sonnenblumenkerne

1. Das Putenfleisch und die Leber unter fließendem Wasser waschen, trockentupfen und in Streifen schneiden.
2. Das Sonnenblumenöl in einer Pfanne erhitzen und die Leber und das Putenfleisch darin 2 Minuten anbraten, salzen und pfeffern. Dann herausnehmen und warm stellen.
3. Die Selleriestangen abfädeln und in Scheiben schneiden, in die Pfanne geben und 5 Minuten dünsten.
4. Die Äpfel vierteln, das Kerngehäuse herausschneiden. Das Fruchtfleisch in Spalten schneiden. Mit dem Weißwein und der Hühnerbrühe in die Pfanne geben und alles weitere 10 Minuten schmoren.

5. Die Sahne mit der Speisestärke glattrühren und in die Pfanne rühren, das Fleisch hinzufügen und aufkochen lassen.
6. Die Petersilie grob hakken, mit den Sonnenblumenkernen dazu geben und nochmals erhitzen.
Dazu schmecken Salzkartoffeln.
(Foto Seite 82)

DER GUTE TIP

Die Leber und das Putenfleisch lassen sich besser in Streifen schneiden, wenn sie für kurze Zeit im Tiefkühlfach angefrostet werden.

Scharf gebratene Putenschnitzel

Für 4 Portionen

4 Putenschnitzel
3 EL Sojasauce
4 cl trockener Sherry (Fino)
1 Chilischote
1 Stück frischer Ingwer
2 EL Sonnenblumenöl
10 Frühlingszwiebeln
1 rote Paprikaschote
1 grüne Paprikaschote
1 gelbe Paprikaschote
3 EL Sonnenblumenöl
1/8 l Instanthühnerbrühe
1 Bund Schnittlauch

1. Die Schnitzel unter fließendem Wasser waschen und trockentupfen. Anschließend in dünne Streifen schneiden.
2. Die Sojasauce mit dem Sherry verrühren. Die Chilischote in dünne Ringe schneiden. Den Ingwer fein reiben, beides zur Sojasauce geben und mit dem Öl mischen. Die Putenstreifen darin etwa 30 Minuten marinieren.
3. Inzwischen die Frühlingszwiebeln putzen (es wird nur der weiße und hellgrüne Teil verwendet). Die Frühlingszwiebeln einmal der Länge nach halbieren.
4. Die Paprikaschoten halbieren, putzen und dann in 3 cm dicke Streifen schneiden. Die Streifen in dem heißen Öl 5 Minuten braten, die Frühlingszwiebeln dazugeben und die Hühnerbrühe angießen. Das Gemüse 10 Minuten schmoren und dabei die Flüssigkeit fast vollständig einkochen lassen.
5. Eine Pfanne erhitzen und das abgetropfte Fleisch darin schnell und kräftig anbraten, die Marinade dazugießen und aufkochen lassen.
6. Das scharf gebratene Putenfleisch auf das Gemüse legen, mit Schnittlauchröllchen bestreuen und sofort servieren.
Dazu schmeckt in Butter gebratener Reis.

Putenrollbraten auf Sauerkraut

Für 4 Portionen

1 Putenrollbraten (etwa 700 g)
Salz
Pfeffer aus der Mühle
2 Zwiebeln
2 EL Butterschmalz
1 kg Sauerkraut vom Faß
100 g durchwachsener Speck
200 g Crème fraîche
1 EL edelsüßes Paprikapulver
1 TL scharfer Rosenpaprika
1/2 TL Kümmel

1. Den Rollbraten unter fließendem Wasser waschen und trockentupfen. Mit Salz und Pfeffer einreiben (es sei denn, Sie haben einen bereits fertig gewürzten Rollbraten gekauft). Den Backofen auf 200° C vorheizen.
2. Die Zwiebeln schälen und fein hacken. Das Butterschmalz in einem Bräter erhitzen und den Rollbraten darin rundherum etwa 6 Minuten anbraten.
3. Den Braten herausnehmen und die Zwiebeln in dem Fett kurz schmoren.
4. Den Speck fein würfeln und zu den Zwiebeln geben, einige Minuten braten, dann das Sauerkraut, die Crème fraîche, das Paprikapulver und den Kümmel dazugeben und gut mischen. Falls das Sauerkraut zu trocken sein sollte, noch etwas Wasser angießen.
5. Das Sauerkraut einmal aufkochen lassen, dann den Rollbraten darauf setzen, abgedeckt in den Backofen schieben und 60 Minuten schmoren.
Dazu paßt Kartoffelbrei.

DER GUTE TIP

Die Hälfte des Sauerkrauts kann durch 2 rote Paprikaschoten, die mittelfein gewürfelt werden, ersetzt werden.
Statt des Putenrollbratens kann man auch 1 Gänsebrust oder 2 Gänsekeulen verwenden. Diese sollten allerdings zuvor 50 Minuten in Salzwasser gekocht werden, damit sie weich werden.

Putenschnitzel in Pilzrahm

Für 3 Portionen

3 Putenschnitzel
Salz
grob gemahlener schwarzer Pfeffer
2 EL Mehl
50 g Butter
3 Schalotten
20 g Butter
250 g frische Champignons
2 EL Zitronensaft
½ Glas Weißwein
200 g Crème fraîche
50 g geriebener Gouda
etwas frisch geriebene Muskatnuß
½ Bund Petersilie

1. Die Schnitzel unter fließendem Wasser waschen und trockentupfen. Mit Salz und Pfeffer gut einreiben. Anschließend in Mehl wälzen, überschüssiges Mehl abschütteln. Die Schnitzel dann auf jeder Seite in der heißen Butter auf nicht zu hoher Flamme je nach Dicke 2–3 Minuten braten und warm stellen.

2. Die Schalotten schälen und fein hacken. Die Butter in die Pfanne zu dem Bratensatz geben und die Schalotten darin weich dünsten.

3. Die Champignons putzen und blättrig schneiden, zu den Schalotten geben und auf großer Flamme 3 Minuten schmoren.

4. Jetzt den Zitronensaft, den Wein, die Crème fraîche und den Käse dazugeben, langsam erhitzen und rühren, bis der Käse geschmolzen ist. Die Sauce mit Salz, Pfeffer und Muskat abschmekken. Zum Schluß die Petersilie einrühren.
5. Die Schnitzel in der Sauce nochmals wärmen. Dazu passen Salzkartoffeln.
(Foto Seite 84)

DER GUTE TIP

Statt der Champignons können im Herbst auch frische Steinpilze oder gemischte Waldpilze verwendet werden. Der geriebene Gouda kann auch durch eine Ecke Schmelzkäse ersetzt werden.

Putenschnitzel mit Früchten

Für 4 Portionen

4 Putenschnitzel
Salz
Pfeffer aus der Mühle
1 TL edelsüßes Paprikapulver
1 TL Curry
3 EL Sonnenblumenöl
2 EL Butter
1 Bund Frühlingszwiebeln
100 g Sojasprossen (frisch oder aus der Dose)
1/2 Dose Fruchtcocktail
1 EL Zitronensaft
2 EL Tomatenketchup
1 Tasse Bratensauce
2 cl Portwein

1. Die Putenschnitzel unter fließendem Wasser waschen und trockentupfen. Salz, Pfeffer, Paprikapulver und Curry mischen und die Schnitzel damit auf beiden Seiten einreiben. Anschließend in dem heißen Öl auf beiden Seiten 2–3 Minuten (je nach Dicke) braten, herausnehmen und warm stellen.
2. Die Butter in die Pfanne zu dem Bratensatz geben. Die Frühlingszwiebeln putzen und in Streifen schneiden. Dann in dem heißen Fett weich schmoren.
3. Die Sojasprossen unter fließendem Wasser waschen und 5 Minuten mit den Zwiebeln schmoren lassen. Den Fruchtcocktail abgießen und mit dem Zitronensaft, dem Ketchup, der Bratensauce und dem Portwein in die Pfanne geben. Einige Minuten leicht kochen lassen.
4. Die Putenschnitzel auf angewärmten Tellern anrichten und mit der Sauce begießen.
Dazu schmeckt duftender Basmatireis.
(Foto Seite 85)

Gefüllte Hähnchenbrust auf weißen Bohnen

Für 4 Portionen

2 große Hähnchenbrustfilets
Salz, Pfeffer aus der Mühle
1 Knoblauchzehe
1 EL frische Thymianblätter
1 EL frische Majoranblätter
1 EL Rosmarinnadeln
6 EL Olivenöl

Füllung:
1 Zwiebel
1 EL Butter
50 g Geflügelleberwurst
2 EL gehackter Dill
2 EL fein gehackte Gewürzgurke
1 EL Semmelbrösel

Sauce:
1 Zwiebel
1 Knoblauchzehe
1 Chilischote
2 EL Tomatenmark
1 Packung Tomatensauce

außerdem:
1 Dose weiße Bohnen
1 TL getrocknetes Bohnenkraut
Cayennepfeffer
1 Bund Schnittlauch

1. Die Hähnchenbrüste unter fließendem Wasser waschen und trockentupfen. Die Filets in der Mitte halbieren und in jedes Filetstück mit einem scharfen Messer eine Tasche zum Füllen schneiden.
2. Salz und Pfeffer in einer Schüssel mischen. Die Knoblauchzehe schälen und durch die Presse zum Salz drücken. Die Kräuter und das Olivenöl dazugeben und alles gut verrühren. Die 4 Brustfilets damit innen und außen gut einreiben, dann abdecken und kühl stellen.
3. Inzwischen die Füllung vorbereiten. Die Zwiebel schälen, fein hacken und in der heißen Butter weich dünsten. In eine Schüssel füllen und mit der Leberwurst, dem Dill und den Gurkenwürfelchen mischen. Die Masse mit den Semmelbröseln binden.
4. Die marinierten Hähnchenbrustfilets mit der Leberpaste füllen und die Taschen mit Zahnstochern schließen.
5. Das restliche Kräuteröl in einem Bräter erhitzen und die gefüllten Filets darin rundherum 10 Minuten braten, herausnehmen und warm stellen.
6. Für die Sauce die Zwiebel und die Knoblauchzehe schälen und fein hakken. Das Tomatenmark mit der Tomatensauce verrühren, alles in den Bräter geben und zu einer dicklichen Sauce einkochen lassen. Die Filets in der Sauce erwärmen.
7. Die Bohnen zur Hälfte abgießen, mit dem Bohnenkraut mischen und erhitzen. Mit dem Cayennepfeffer abschmecken.
8. Die gefüllten Hähnchenbrustfilets auf den weißen Bohnen anrichten, mit der Tomatensauce umgießen und mit Schnittlauchröllchen bestreuen.
(Foto Seite 86: links)

DER GUTE TIP

Die Hähnchenbrüste können auch über Nacht in dem Kräuteröl mariniert werden.

Putenrouladen

Für 4 Portionen

4 dünne Putenschnitzel
Salz, Pfeffer aus der Mühle
4 Scheiben gekochter Schinken
1 Zwiebel
1 EL Butter
1 EL Senf
1 EL Tomatenmark
2 EL gehobelte Mandeln
2 EL kalifornische Rosinen
1 Stück frischer Ingwer
1 kleine Chilischote
2 EL gehackte Petersilie
1 Msp. Curry
1 EL Weinbrand
2 EL Butterschmalz
1 Glas Weißwein
¼ l Bratensauce
100 g Crème fraîche
1 Döschen Safran
einige Tropfen Tabasco
1 EL gehackte Estragonblätter

1. Die Schnitzel unter fließendem Wasser waschen und trockentupfen. Anschließend leicht flachklopfen. Die Putenschnitzel mit Salz und Pfeffer bestreuen.
2. Auf jedes Schnitzel eine Scheibe gekochten Schinken legen.
3. Die Zwiebel schälen und fein hacken. In der heißen Butter weich dünsten, in eine Schüssel umfüllen.
4. Den Senf, das Tomatenmark, die Mandeln und die Rosinen mit den Zwiebeln mischen.
5. Den Ingwer dazureiben, die Chilischote in feine Ringe schneiden, mit der Petersilie, dem Curry und dem Weinbrand zu der Füllung geben und alles gut verrühren.
6. Diese Masse auf den gekochten Schinken streichen. Die Schnitzel wie Rouladen aufrollen und mit Küchengarn zusammenbinden. In dem heißen Butterschmalz rundherum etwa 10 Minuten braten, dann warm stellen.
7. Mit dem Weißwein den Bratensatz lösen, die Bratensauce dazugießen, mit der Crème fraîche verfeinern. Mit Safran, Tabasco und Estragon abschmecken. Die Rouladen in der Sauce erwärmen. Dazu schmecken Makkaroni.
(Foto Seite 86: rechts)

Über Rosmarin gegarte Entenbrust mit Orangengelee

Für 4 Portionen

Orangengelee:
¼ l frisch gepreßter Blutorangensaft
⅛ l Portwein
Salz, einige Spritzer Tabasco
1 Prise Zucker
3 Blatt rote Gelatine
3 Blatt weiße Gelatine

Entenbrust:
4 Entenbrüste
Salz
Pfeffer aus der Mühle
2 EL Butterschmalz
1 Bund frische Rosmarinzweige

Sauce:
400 ml Waldpilzfond (Fertigprodukt)
4 Wacholderbeeren
Salz
Cayennepfeffer
80 g eiskalte Butter

1. Von den ausgedrückten Blutorangen 4 schöne Hälften zurückbehalten und das Fruchtfleisch entfernen. Beiseite stellen.
2. Orangensaft und Portwein mischen und 5 Minuten sprudelnd kochen lassen. Mit Salz, Tabasco und Zucker würzen.
3. Die Gelatine 10 Minuten in kaltem Wasser einweichen, gut ausdrücken und in der heißen, aber nicht mehr kochenden Flüssigkeit auflösen.
4. Den Saft in eine flache Schale gießen und im Kühlschrank erstarren lassen. Den Backofen auf 180° C vorheizen.
5. Die Entenbrüste unter fließendem Wasser waschen und trockentupfen. Anschließend die Haut mit einem scharfen Messer abtrennen und in Streifen schneiden. Salzen und pfeffern.
6. Die Hautstreifen auf kleiner Flamme langsam knusprig braten.
7. Das Butterschmalz in einem ofenfesten Bräter erhitzen und das Brustfleisch darin auf beiden Seiten je 2 Minuten anbraten.
8. Das Fleisch herausnehmen und die Rosmarinzweige auf den Topfboden legen, die Brustfilets darüber setzen, den Topf abdecken und für 20 Minuten in den heißen Backofen schieben. Zwischendurch die Filets einmal wenden.
9. Für die Sauce den Fond mit den zerquetschten Wacholderbeeren würzen, dann erhitzen und 5 Minuten sprudelnd einkochen lassen. Die Wacholderbeeren entfernen, die Sauce mit Salz und Cayennepfeffer abschmecken, dann stückchenweise die kalte Butter in die kochende Sauce rühren. Wenn eine gewisse Bindung erreicht ist, ist die Sauce fertig.
10. Das erstarrte Blutorangengelee aus der Form lösen (dazu kurz in heißes Wasser tauchen) und in kleine Würfel schneiden. Diese Geleewürfelchen in die vorbereiteten Orangenhälften häufen.
11. Die Entenbrüste in dünne Scheiben schneiden, mit etwas Sauce beträufeln und mit den gebratenen Hautstreifen bestreuen.
Dazu schmecken in Butter gebratene Gnocchi.

Gänseragout mit gefüllten Bratäpfeln

Für 4 Portionen

1 kg Gänsebrust
2 Zwiebeln
Salz, Pfeffer aus der Mühle
1 TL getrockneter Majoran
½ l kräftige Hühnerbrühe (siehe Seite 20)

Bratäpfel:
4 große Boskopäpfel
400 g gegarte Maronen (Dosenware oder vakuumverpackt)

außerdem:
dunkler Saucenbinder
3 EL süße Sahne

1. Die Gänsebrust unter fließendem Wasser waschen und trockentupfen. Die Haut mit einem scharfen Messer abschneiden und würfeln.
2. Die Gänsehaut auf kleiner Flamme in einem Topf langsam auslassen. Das Gänsefleisch in mundgerechte Würfel schneiden.
3. 2 Eßlöffel ausgelassenes Gänsefett in einen Bräter geben und das Fleisch darin anbraten.
4. Die Zwiebeln schälen und grob hacken, mit Salz, Pfeffer und dem Majoran zum Fleisch geben und mischen. Nach und nach die heiße Hühnerbrühe angießen.
5. Die Äpfel waschen und das Kerngehäuse mit dem Apfelausstecher so aushöhlen, daß unten ein Boden stehen bleibt. Die Öffnung soweit vergrößern, daß die Äpfel gut gefüllt werden können.
6. Die abgegossenen Maronen mit 1 Eßlöffel Gänsefett mischen und in die Äpfel füllen. Die Äpfel von außen mit Gänsefett bestreichen und in eine feuerfeste Form setzen. Etwa 30 Minuten im vorgeheizten Backofen bei 180° C backen.
7. Sobald das Gänsefleisch weich ist, die Sauce mit etwas Saucenbinder und der Sahne verrühren. Dazu schmekken Kartoffel- oder Semmelknödel.

DER GUTE TIP

Robuste Naturen können das Gänseragout natürlich zusammen mit der sehr fettreichen Haut zubereiten.
Das übriggebliebene Gänsefett kann mit 1 Teelöffel Schweineschmalz, etwas Knoblauch oder Majoran nochmals erhitzt und im erstarrten Zustand als Gänseschmalz verwendet werden.

Gefüllte Stubenküken

Für 4 Portionen

4 Stubenküken
Salz
Pfeffer aus der Mühle

Füllung:
1 kleine Zwiebel
1 EL Butter
200 g Kalbsbrät
1 EL Preiselbeeren
½ Bund gehackte Petersilie
1 TL getrockneter Majoran
1 Ei
Salz
einige Tropfen Tabasco

außerdem:
3 EL Butterschmalz
1 Bund Suppengrün
1 Zwiebel
100 g frische Steinpilzchampignons
2 Lorbeerblätter
1 Glas Rotwein
200 g Crème fraîche
1 TL Dijonsenf
1 EL gehackter Dill

1. Die Stubenküken innen und außen unter fließendem Wasser waschen und trockentupfen. Innen und außen salzen und pfeffern.
2. Die Zwiebel schälen und fein hacken. In der heißen Butter weich dünsten. In eine Schüssel geben. Die Zwiebel mit dem Kalbsbrät, den Preiselbeeren, der Petersilie, dem Majoran und dem Ei mischen. Die Masse mit Salz und Tabasco würzig abschmecken.
3. Die Stubenküken mit der Farce füllen und mit Küchengarn zusammenbinden.
4. Das Butterschmalz in einem Bräter erhitzen und die gefüllten Stubenküken darin rundherum anbraten.
5. Das Suppengrün putzen und grob würfeln. Die Zwiebel schälen und fein würfeln, die Champignons putzen und blättrig schneiden. Alles mit den Lorbeerblättern um die Stubenküken legen und kurz mitschmoren, dann mit dem Rotwein ablöschen und etwa 30 Minuten im geschlossenen Topf garen. Zwischendurch eventuell noch etwas Wasser nachfüllen. Die Stubenküken einmal wenden.
6. Die Stubenküken herausnehmen und warm halten. Den Fond durch ein Sieb geben. Die Crème fraîche mit dem Senf und dem Dill mischen, mit dem Fond verrühren und einmal aufkochen lassen. Dazu passen in Olivenöl gebratene Kartoffeln.

Entenleber mit Zucchini

Für 4 Portionen

500 g Enten-, Hühner- oder Putenleber
2 EL Mehl
3 EL Butterschmalz
50 g durchwachsener Speck
Salz
Pfeffer aus der Mühle
2 Zwiebeln
1 Knoblauchzehe
500 g Zucchini
200 ml Geflügelfond (Fertigprodukt)
200 g Crème double
1–2 EL Zitronensaft
1 Bund Basilikum
25 g Pinienkerne

1. Die Lebern putzen, unter fließendem Wasser waschen und trockentupfen. Größere Lebern halbieren. Anschließend in Mehl wälzen.
2. Das Butterschmalz in einer Pfanne erhitzen und die Lebern darin rundherum anbraten.
3. Den Speck fein würfeln und mit Salz und Pfeffer zur Leber geben.
4. Die Zwiebel und die Knoblauchzehe schälen, fein hacken und ebenfalls zur Leber geben.
5. Die Zucchini waschen, die Enden abschneiden, das Fruchtfleisch in dünne Scheiben schneiden, mit dem heißen Geflügelfond zur Leber geben und weitere 5 Minuten schmoren.
6. Die Crème double und den Zitronensaft einrühren. Das Basilikum grob hacken und dazugeben.
7. Die Pinienkerne in einer Pfanne ohne Fett leicht rösten und über die Leberpfanne streuen. Dazu paßt Kartoffelpüree.
(Foto Seite 89)

Kräftig bis fein: die schönsten Fest-tagsbraten

Feiertage verlangen nach außergewöhnlichen Eßgenüssen. Ob eine köstlich zarte Ente das Wochenende abrundet, ob zum Geburtstagsfest ein Fasan die Tafel krönt und zu Weihnachten gefüllter Truthahn oder eine Gans die Attraktion sind: Geflügel ist aus der festlichen Küche nicht wegzudenken. Auf den folgenden Seiten finden Sie Klassiker wie Ente mit Orange, gefüllte Pute oder Gänsebraten. Darüber hinaus haben wir für Sie Rebhühner gefüllt und eine Putenbrust mit würzigen Chutneys angerichtet. Überraschen Sie doch einmal Ihre Familie und Ihre Gäste mit der Gans mit Birne oder mit dem Hähnchen in Champagnersauce. Zeitaufwendig ist die Fasanenbrust im Hemd. Das Ergebnis: aufregend im Biß und überaus köstlich im Geschmack.

Gefüllte Ente mit Orangensauce,
Rezept Seite 92

Gefüllte Ente mit Orangensauce

Für 4 Portionen

4 unbehandelte Orangen
1 Ente (etwa 1500 g)
4 EL flüssige Butter
Salz, Pfeffer aus der Mühle

Füllung:
500 g Rinderhack
1 altbackenes Brötchen
1 Ei
Salz
Pfeffer aus der Mühle
½ TL Lebkuchengewürz
50 g gehobelte Mandeln

außerdem:
1 Bund Suppengrün
⅛ l Weißwein
⅛ l weißer Portwein
4 cl Orangenlikör
etwas dunkler Saucenbinder

1. Die Orangen waschen und trockenreiben. 2 Orangen auspressen, den Saft beiseite stellen. Die anderen beiden Orangen dünn schälen und die Schalen in sehr dünne Streifen schneiden. Diese Streifen 5 Minuten in wenig Wasser kochen, abgießen und beiseite stellen. Von den geschälten Orangen die weiße Haut vollständig entfernen und die Früchte in Scheiben schneiden.
2. Die Ente unter fließendem Wasser innen und außen waschen und trockentupfen. Die flüssige Butter mit Salz und Pfeffer mischen und die Ente damit innen und außen einpinseln. Den Backofen auf 200° C vorheizen.
3. Für die Füllung das Rinderhack in eine Schüssel geben. Die Rinde des Brötchens abreiben und es in kaltem Wasser einweichen, dann gut ausdrücken und mit dem Ei, den Gewürzen und den Mandeln zum Hackfleisch geben. Gut durchkneten und in die Ente füllen. Den Bauch mit Küchengarn zunähen.
4. Die Ente mit der Brustseite nach unten in einen Bräter legen und in den heißen Backofen schieben. Nach 10 Minuten die Ente wenden.
5. Das Suppengrün putzen und fein würfeln und um die Ente legen. Nach weiteren 10 Minuten ⅛ l heißes Wasser angießen.
6. Nach 15 Minuten die Ente wiederum wenden, den Weißwein und den weißen Portwein dazu geben. Die Ente insgesamt 60–80 Minuten schmoren, je nach Größe.

7. Die fertig gebratene Ente herausnehmen und warm stellen. Die Sauce durch ein Sieb in einen Topf füllen, den Orangenlikör, den zurückgestellten Orangensaft und die Hälfte der Orangenschale dazugeben. Die Sauce nach Bedarf entfetten und dann leicht mit etwas Saucenbinder binden.
8. Die Ente auf einer Platte servieren, mit den Orangenscheiben belegen und mit den restlichen Orangenschalen bestreuen.
Dazu passen Kartoffelkroketten oder Hefeklöße.
(Foto Seite 90/91)

Ente in Kokossahne

Für 4 Portionen

1 junge Ente (etwa 1800 g)
1–2 TL Salz
1 TL Pfeffer
½ TL gemahlener Thymian
3 EL Öl

Sauce:
500 g rote Zwiebeln
1–2 Knoblauchzehen
200 ml süße Sahne
2 EL Öl
1 EL Butter
3 EL Kokosflocken
1 Msp. Ingwerpulver
1 Msp. Cayennepfeffer

1. Die Ente unter fließendem Wasser innen und außen waschen und trockentupfen. Außen leicht mit Salz und Pfeffer, innen außerdem mit Thymian würzen.
2. Die Ente mit der Brustseite nach oben in den Bräter legen, mit Öl bepinseln und auf der unteren Schiene in den heißen Backofen schieben. In 60–75 Minuten gar braten. Zwischendurch einige Male mit Öl oder Bratensaft bepinseln.
3. In der Zwischenzeit die Zwiebel schälen und vierteln, die Knoblauchzehen schälen und fein hacken. Die Sahne in einem hohen Rührbecher leicht cremig – aber nicht ganz steif – schlagen.
4. Die fertiggebratene Ente aus dem Ofen nehmen und in mundgerechte Stücke schneiden (eventuell alle Knochen vorsichtig herauslösen).
5. Eine große Kasserolle auf den Herd stellen, Öl und Butter hineingeben und bei starker Wärmezufuhr erhitzen. Die Zwiebelviertel und den Knoblauch hineingeben und 5 Minuten anbraten. Kokosflokken, Ingwer und Cayennepfeffer hinzufügen und anschwitzen.
6. Die Entenstücke mit in die Kasserolle geben und alles zusammen 5 Minuten durchschmoren. Unter Rühren die cremige Sahne dazugeben. Bei kleinster Wärmestufe noch 5 Minuten ziehen lassen.
Dazu schmecken körnig gekochter Reis oder Nudeln.
(Foto Seite 92)

Flugente mit Ingwer

Für 4 Portionen

1 Flugente (etwa 2000 g)
4 EL Salz
4 EL flüssiger Honig
2 Döschen Safran
2 Lorbeerblätter
2 EL Curry
⅛ l Sojasauce
⅛ l trockener Sherry (Fino)
1 Bund Suppengrün
5 Frühlingszwiebeln
100 g frischer Ingwer
3 rote Chilischoten
100 ml süße Sahne

1. Die Ente unter fließendem Wasser innen und außen waschen und trockentupfen.
2. Die Ente in einen großen Topf legen und mit Wasser bedecken. Alle Gewürze, die Sojasauce und den Sherry dazu geben. Das Suppengrün und die Frühlingszwiebeln (auch den grünen Teil) putzen und fein würfeln. Den Ingwer schälen und grob reiben. Die Hälfte des Ingwers beiseite legen. Die Chilischoten in Ringe schneiden. Alles zur Ente geben und diese bei geringer Hitze 30 Minuten leicht kochen lassen. In der Brühe 30 Minuten abkühlen lassen.
3. Dann die Ente aus der Brühe nehmen, trockentupfen und im 200° C heißen Backofen 20–30 Minuten von beiden Seiten bräunen. 5 Minuten vor Ende der Bratzeit mit dem zurückgelegten Ingwer bestreuen.
4. Den Bratensatz mit etwas Entenbrühe ablöschen, kräftig abschmecken und mit süßer Sahne verrühren.
Dazu schmeckt Reis mit Apfelstückchen und ganzen, gerösteten Mandeln.

Entenbrust mit Honigsauce

Für 2 Portionen

2 Entenbrüste
Salz
Pfeffer aus der Mühle
2 EL Butterschmalz
2 EL flüssiger Honig
1 EL Sojasauce
1 ungespritzte Orange
1 EL bittere Orangenmarmelade
½ Glas Weißwein
etwas frischer Ingwer
je 1 Msp. Curry, Zimt und Muskatblüte
2 EL süße Sahne

1. Die Entenbrüste unter fließendem Wasser waschen und trockentupfen. Auf beiden Seiten mit Salz und Pfeffer einreiben.
2. Das Butterschmalz in einer Pfanne erhitzen und die Entenbrüste auf der Hautseite 6–8 Minuten anbraten, wenden und weitere 10 Minuten bei kleiner Hitze braten.
3. Inzwischen den Honig mit der Sojasauce verrühren und auf die Entenhaut streichen.
4. Die Orange heiß abwaschen, trockenreiben und die Schale dünn abschneiden, dann in feine Streifen schneiden. Die Schale 5 Minuten in wenig Wasser kochen. Die Hälfte der Schale zur Honigsauce geben und die Entenhaut damit bestreichen.
5. Die Orange auspressen. Den Saft beiseite stellen. Die Entenbrüste 2–3 Minuten unter den heißen Grill schieben.
6. Den Bratensatz mit dem Orangensaft lösen, die Orangenmarmelade einrühren, den Weißwein sowie die restliche Honigsauce dazu gießen und sprudelnd einkochen lassen. Die Sauce mit Curry, Zimt und Muskatblüte würzen, die restliche Orangenschale dazu geben und mit der süßen Sahne verfeinern.
7. Zum Schluß die Entenbrüste schräg in Scheiben schneiden und mit der Sauce begießen.
Dazu paßt Wildreis.
(Foto Seite 94)

Rebhühner nach Art der Winzerin

Für 4 Portionen

3 junge Rebhühner (à etwa 500 g)
Pfeffer aus der Mühle, Salz
600 g Weintrauben
100 g Mandelblättchen
150 g durchwachsener geräucherter Speck
1 Zwiebel
30 g Schweineschmalz
750 g Sauerkraut
1 Glas Traubensaft oder 1 Tasse Fleischbrühe
2 zerdrückte Wacholderbeeren
½ Lorbeerblatt
½ TL Zucker
2–3 EL Öl

1. Die Rebhühner unter fließendem Wasser innen und außen gründlich waschen und trockentupfen. Innen und außen mit wenig Pfeffer und Salz einreiben.
2. Die Weintrauben waschen, von den Stielen zupfen und in ein Sieb geben. Mit 1 Liter kochendem Wasser überbrühen. Die Haut abziehen, die Weintrauben halbieren und entkernen. Eine kleine Tasse voll Weintrauben beiseite stellen.
3. Die restlichen Trauben in einer Schüssel mit den Mandelblättchen, etwas Pfeffer und Salz vermischen. In die Rebhühner füllen und die Öffnung mit Küchengarn zunähen.

4. Den Speck in dünne Scheiben schneiden, die Brust der Rebhühner mit den dünnen Speckscheiben belegen und das Ganze mit Küchengarn festbinden.
5. Die Zwiebel schälen und in Würfel schneiden. Das Schmalz in einem Bräter erhitzen und die Zwiebelwürfel hineingeben. Das Sauerkraut locker zupfen und hinzufügen.
6. Den Traubensaft (eventuell beim Entkernen der Trauben den frischen Saft auffangen) oder eine Tasse Fleischbrühe darübergießen. Wacholderbeeren, Lorbeerblatt und Zucker dazugeben. Im geschlossenen Bräter etwa 15 Minuten schmoren.
7. In der Zwischenzeit in einer Pfanne Öl erhitzen. Die Rebhühner hineingeben und rundherum in 8–10 Minuten anbraten. Dann die Rebhühner auf das Sauerkrautbett legen, das Bratfett und die zurückbehaltenen Weintrauben darüber verteilen.
8. Den Bräter wieder schließen und die Rebhühner bei geringer Hitze in 10–20 Minuten gar schmoren. Die Rebhühner halbieren und auf einer großen Platte anrichten. Dazu paßt Kartoffelpüree.
(Foto Seite 95)

Gefüllte Babypute

Für 4–6 Portionen

1 Babypute (etwa 2500 g)
1 TL Pfeffer
2 TL Salz
1000 g Weintrauben
50 g Butter
100 g Schinkenspeck
1/4 l kräftige Hühnerbrühe
(Rezept Seite 20)
250 g süße Sahne
4 EL Madeira oder Sherry

1. Die bratfertige Babypute unter fließendem Wasser innen und außen gründlich waschen und trockentupfen. Innen leicht mit Pfeffer und Salz einreiben, außen mit Pfeffer würzen.
2. Die Weintrauben waschen, trockentupfen, halbieren und entkernen. 1/2 Tasse mit Weintraubenstücken beiseite stellen. Die restlichen in die Pute füllen und die Öffnung mit Küchengarn zunähen.
3. Die Pute mit der zerlassenen Butter bepinseln, die Brustseite mit Schinkenspeck belegen.
4. Die Pute auf einen großen Bogen Alufolie (extra dick) legen. Die Folie oben schließen, aber einen 2–3 cm hohen Hohlraum lassen. Die Seiten nach oben hochbiegen und luftdicht zusammenfalzen.
5. Die Pute vorsichtig auf den Rost legen und auf der unteren Schiene in den vorgeheizten Backofen schieben. 40 Minuten bei 220° C braten, dann die Wärmezufuhr um 1 Stufe zurückschalten und die Pute in weiteren 80–90 Minuten gar braten. Wer die Pute gebräunt wünscht, öffnet nach 60–70 Minuten Bratzeit oben die Folie, entfernt die Speckscheiben und läßt die Pute bei stärkerer Wärmezufuhr nachbräunen.
6. Den Bratenfond aus der Folie vorsichtig in einen Topf abgießen und eventuell mit Brühe auf 3/8 l ergänzen. Mit der süßen Sahne und Madeira oder Sherry verrühren, bei Bedarf mit Pfeffer und Salz nachwürzen.
7. Die zurückbehaltenen Weintrauben in die Sauce geben und 5 Minuten ziehen lassen. Die knusprigen Schinkenspeckscheiben fein hacken und in die Sauce rühren. Die Pute aus der Folie nehmen und auf einer großen Platte servieren. Die Sauce in eine Sauciere füllen und dazu reichen.
Dazu passen Semmelknödel.

Gefüllte Putenbrust mit Kruste

Für 6 Portionen

1500 g Putenbrust
Salz
Pfeffer aus der Mühle
100 g frische Spinatblätter
100 g Putenleber
1 EL Butter
1 Knoblauchzehe
65 g Doppelrahmfrischkäse
1 Ei
40 g gehackte Pistazien
1 Paar Thüringer Bratwürste
4–5 EL Semmelbrösel
1 EL Zitronensaft
3 EL Butterschmalz
400 ml Geflügelfond oder Instanthühnerbrühe
4 EL flüssige Butter
1 Glas Weißwein
2 Stangen Lauch
100 g Crème double
etwas dunkler Saucenbinder
einige Tropfen Tabasco
½ TL Senf

1. Die Putenbrust unter fließendem Wasser waschen und trockentupfen. Mit einem scharfen Messer eine tiefe Tasche einschneiden. Die Putenbrust innen und außen salzen und pfeffern.
2. Für die Füllung die geputzten Spinatblätter kurz ins kochende Wasser legen, herausnehmen und gut ausdrücken, dann grob hacken. Den Backofen auf 180° C vorheizen.
3. Die Putenleber putzen und in der heißen Butter 3 Minuten rundherum anbraten, abkühlen lassen und fein hacken, mit dem Spinat mischen.
4. Die Knoblauchzehe schälen und durch die Presse zur Spinat-Leber-Mischung drücken. Den Frischkäse, das Ei, die gehackten Pistazien und die aus den Därmen gedrückte Bratwurstmasse dazugeben und gut mischen. Die Füllung mit den Semmelbröseln binden, mit Zitronensaft und Salz abschmecken.
5. Ein Teil der Masse in die Putenbrust füllen und die Öffnung mit Küchengarn zunähen.
6. Das Butterschmalz in einem Bräter erhitzen und die gefüllte Putenbrust auf jeder Seite etwa 5 Minuten anbraten. Den Bräter offen in den Backofen schieben und etwa 40 Minuten braten.
7. Die Putenbrust nach 20 Minuten wenden und nach und nach den heißen Geflügelfond oder die Brühe ans Fleisch gießen.
8. Nach 40 Minuten die restliche Füllung auf die Putenbrust streichen und mit der Butter beträufeln. Den Weißwein in den Bräter gießen.
9. Den Lauch putzen (nur der weiße und hellgrüne Teil wird verwendet), in feine Ringe schneiden und waschen. Den Lauch um die Putenbrust legen und mit der Crème double verrühren.
10. Die Putenbrust weitere 25 Minuten schmoren. Die fertig gebratene Putenbrust herausnehmen und warm stellen. Die Sauce leicht mit Saucenbinder andicken, dann mit Salz, Tabasco und Senf abschmecken.
11. Die Putenbrust am besten mit einem Elektromesser in Scheiben schneiden.
Dazu schmeckt Reis mit Erbsen, Möhren und kroß gebratenem Speck.

Putenbrust mit fruchtigen Beilagen

Für 4 Portionen

Tomatenbeilage:
250 g Schalotten
1 säuerlicher Apfel
½ rote Paprikaschote
1 kleine Dose geschälte Tomaten
200 g weißer Kandiszucker
⅛ l Apfelessig
Salz, einige Tropfen Tabasco
1 EL edelsüßes Paprikapulver
je 1 Msp. Koriander und Gewürznelken

Pflaumenbeilage:
250 g Backpflaumen
50 g kalifornische Rosinen
250 g Äpfel
¼ l Weißweinessig
1 TL frisch geriebener Ingwer
150 g brauner Zucker

Apfelbeilage:
500 g säuerliche Äpfel
2 Schalotten
100 g getrocknete Aprikosen
100 g kalifornische Rosinen
1 TL Senfkörner
300 g brauner Kandiszucker
⅛ l Rotweinessig
Salz
einige Tropfen Tabasco

Braten:
600 g Putenbrust
Salz
Pfeffer aus der Mühle
2 EL Butterschmalz
3 EL gemischte, gehackte Kräuter

1. Für die Tomatenbeilage die Schalotten schälen und fein hacken. Den Apfel vierteln, schälen, das Kerngehäuse herausschneiden, das Fruchtfleisch fein würfeln. Die Paprikaschote putzen und fein hacken. Die Tomaten abgießen. Alle Zutaten in einen Topf geben, den Kandiszucker, den Essig und die Gewürze hinzufügen. Unter Rühren aufkochen lassen. Wenn eine breiähnliche Konsistenz erreicht ist, die Tomatenbeilage kalt stellen.
2. Für die Pflaumenbeilage die Backpflaumen (ohne Kerne) und die Rosinen in wenig Wasser 10 Minuten leicht kochen lassen, abgießen. Die Äpfel schälen, das Kerngehäuse entfernen, das Fruchtfleisch fein würfeln. Mit dem Essig, dem Ingwer und dem braunen

Zucker erhitzen, die Backpflaumen und die Rosinen hinzufügen und leicht anpürieren, kalt stellen.
3. Für die Apfelbeilage die Äpfel schälen, das Kerngehäuse entfernen, das Fruchtfleisch würfeln. Die Schalotten schälen und fein hacken. Die Aprikosen und die Rosinen in wenig Wasser 10 Minuten leicht kochen lassen, abgießen und grob hakken. Die Zutaten mit den Senfkörnern, dem Kandiszucker und dem Rotweinessig mischen und weich kochen. Mit Salz und Tabasco abschmecken. Dann ebenfalls kalt stellen.
4. Die Putenbrust unter fließendem Wasser waschen und trockentupfen. Rundherum mit Salz und Pfeffer einreiben. In dem heißen Butterschmalz etwa 30 Minuten braten, ab und zu wenden.
5. Die fertig gebratene Putenbrust in Alufolie wickeln und 10 Minuten warm stellen, dann in dünne Scheiben schneiden, mit den Kräutern bestreuen und mit den drei würzigen Beilagen servieren. Dazu passen ungesüßte, dünne Pfannkuchen oder knuspriges Baguette.
(Foto Seite 97)

Festtagspute mit Apfel-Mandel-Füllung

Für 8 Portionen

1 Pute (etwa 4000 g)
Salz, Pfeffer aus der Mühle
12 EL flüssige Butter

Füllung:
2 Zwiebeln
2 EL Butter
200 g Putenleber
(oder Hühnerleber)
100 g durchwachsener Speck
4 Scheiben Toastbrot ohne Rinde
1 Boskopapfel
100 g gehobelte Mandeln
3 Eier
1 TL Rosmarinnadeln
1 EL frische Thymianblätter
1 EL frische Majoranblätter
(oder je 1 TL getrocknete Kräuter)
2 EL gehackte Petersilie

Sauce:
200 ml süße Sahne
4 cl Calvados
1 kleiner Apfel
etwas dunkler Saucenbinder
20 g gehobelte Mandeln

1. Die Pute unter fließendem Wasser innen und außen waschen und trockentupfen. Innen und außen mit Salz und Pfeffer einreiben. Anschließend innen und außen mit flüssiger Butter bestreichen. Den Backofen auf 180° C vor heizen.

2. Die Zwiebel schälen und fein hacken, in der Butter anbraten. Die Putenleber putzen, waschen und trockentupfen. Mit den Zwiebeln unter Wenden etwa 5 Minuten braten. Anschließend die Leber herausnehmen und fein hacken.

3. Den Speck fein würfeln und mit den Zwiebeln braten. Beides zur gehackten Leber geben.

4. Das Toastbrot fein würfeln. Den ungeschälten Apfel waschen, grob reiben, mit den Mandeln, den Eiern und den Kräutern zur Leber geben und alles gut mischen.

5. Die Füllung in die Pute geben und den Bauch mit Küchengarn zunähen.

6. Die gefüllte Pute mit der Brustseite nach unten auf den Rost legen. Die Saftpfanne darunter stellen und mit ½ l heißem Wasser füllen.

7. Die Pute alle 20 Minuten wenden, dabei mit etwas Bratenfond begießen und mit der restlichen flüssigen Butter bestreichen. Die Bratzeit beträgt etwa 3 Stunden. Die letzten 30 Minuten die Brustseite nach oben legen. Die Oberfläche mit etwas kaltem Salzwasser bestreichen und knusprig braten.

8. Bevor die Pute tranchiert wird, noch 10 Minuten im ausgeschalteten Ofen ruhen lassen. In der Zwischenzeit die Sauce zubereiten.

9. Den Bratensaft in einen Topf gießen, dabei die Rückstände mit einem Küchenpinsel lösen. Zuerst die Sauce probieren und falls der Geschmack zu flach ist, die Sauce sprudelnd einkochen, erst anschließend die Sahne und den Calvados dazu geben.

10. Den Apfel schälen, vierteln, das Kerngehäuse entfernen und das Fruchtfleisch in kleine Würfelchen schneiden. Die Apfelstückchen in der Sauce erhitzen. Mit etwas Saucenbinder andicken und zum Schluß die Mandeln dazu geben.

11. Nun zuerst die Flügel und die Keulen der Pute an den Gelenken abtrennen. Die Brust vom Knochen und in Scheiben schneiden. Die Füllung ebenfalls in Portionsstücke teilen.
Dazu schmecken rohe Kartoffelklöße.
(Foto Seite 98)

Gans nach Mecklenburger Art

Für 8 Portionen

- *1 Frühmastgans (4000 g)*
- *2 TL Salz*
- *1 TL Pfeffer*
- *1 TL Beifuß*
- *1500 g säuerliche Äpfel*
- *40 g Butter*
- *125 g Rosinen oder Korinthen*
- *Salz*

1. Den Backofen auf 200° C vorheizen.
2. Die Gans unter fließendem Wasser innen und außen gründlich waschen und trockentupfen.
3. Die Gans außen nur mit Salz einreiben, innen mit einer Mischung aus Salz, Pfeffer und Beifuß würzen.
4. Die Äpfel waschen, schälen, vierteln und die Kerngehäuse herausschneiden. In einem Topf die Butter zerlaufen lassen, die Apfelstücke hineingeben und bei großer Hitzezufuhr 5–10 Minuten dünsten.
5. Die Rosinen oder Korinthen kurz waschen und zwischen zwei Bogen Haushaltspapier abtrocknen. Rosinen und Apfelstücke mischen und die Gans damit füllen. Die Öffnung mit Küchengarn zunähen.
6. Die Gans auf einen Rost legen und rundherum einige Male mit einer Gabel einstechen, damit das Fett besser ausbraten kann. In den Backofen schieben. Darunter die mit ½ l Wasser gefüllte Saftpfanne einschieben.
7. In 2½ – 3½ Stunden – je nach Alter der Gans auch länger – braten. Zwischendurch die Gans immer wieder mit dem Bratenfett übergießen. Bevor die Gans zerlegt wird, sollte sie etwa 10 Minuten ruhen, damit sich der Fleischsaft wieder gleichmäßig im Fleisch verteilt. Dazu passen Rotkraut mit Maronen und Kartoffelklöße.
(Foto Seite 99)

Glasierte Gänsekeulen auf Ananaskraut

Für 4 Portionen

- *4 Gänsekeulen*
- *¾ l kräftige Hühnerbrühe (siehe Seite 20)*
- *¼ l Weißwein*

Glasur:

- *2 EL Sonnenblumenöl*
- *2 EL Orangengelee*
- *1 EL Weißweinessig*
- *½ TL Salz*
- *einige Tropfen Tabasco*

Ananaskraut:

- *1000 g Sauerkraut vom Faß*
- *3 EL Butter*
- *¼ l kräftige Hühnerbrühe*
- *1 rote Chilischote*
- *1 frische Ananas*
- *1 Bund glatte Petersilie*

1. Die Gänsekeulen waschen und trockentupfen. In der Hühnerbrühe mit dem Weißwein 50 Minuten leicht kochen lassen. Dann herausnehmen und trockentupfen.
2. Die Glasurzutaten mischen und die Oberseite der Keulen damit zweimal bestreichen, im 180° C heißen Backofen in 20 Minuten knusprig braten.
3. Inzwischen das Sauerkraut mit der Butter in ¼ l Hühnerbrühe erhitzen. Die Chilischote in feine Ringe schneiden, zum Sauerkraut geben. Die Ananas schälen, den harten mittleren Strunk herausschneiden. Die Hälfte der Ananas fein würfeln und zum Sauerkraut geben. Die andere Hälfte in Scheiben schneiden.
4. Das Sauerkraut etwa 20 Minuten garen, dann mit den Petersilienblättern mischen und auf eine angewärmte Platte legen, die Gänsekeulen darauf setzen und mit den Ananasscheiben garnieren.

Gans mit Birnen

Für 6 Portionen

1 Gans (etwa 4000 g)
1 EL Salz
1 Zwiebel
2 Knoblauchzehen
2 Lorbeerblätter
6 EL Sonnenblumenöl

Birnen:

1 Zwiebel, 1 Knoblauchzehe
100 g Butter
50 g Pinienkerne
½ Bund Petersilie
50 g kalifornische Rosinen
2 Msp. Zimt
1 Tomate
1 EL süße Sahne
4 cl Birnenbrand
8 feste Birnen

außerdem:

2 EL brauner Zucker

1. Die Gans unter fließendem Wasser innen und außen waschen und trockentupfen. Anschließend in 8 Teile schneiden und in reichlich Salzwasser 35 Minuten leicht kochen lassen, herausnehmen und abtropfen lassen.

2. Die Zwiebel und die Knoblauchzehen schälen und fein hacken, mit den Lorbeerblättern und dem Öl in einem großen Topf mischen und die Gänseteile darin 15 Minuten rundherum braten.

3. Für die Birnen die Zwiebel und den Knoblauch schälen, fein hacken und in der heißen Butter mit den zerdrückten Pinienkernen, der gehackten Petersilie, den Rosinen, dem Zimt, der gehäuteten und gewürfelten Tomate, der Sahne und dem Birnenbrand mischen.

4. Die Birnen schälen und rundherum einige Minuten in dieser Sauce garen, herausnehmen. Die Sauce mit 1/8 l Kochwasser der Gans auffüllen, die Gänseteile und die Birnen dazulegen und nochmals etwa 15 Minuten garen.
5. Die Gänseteile und die Birnen auf einer warmen Platte anrichten, die Sauce durch ein Sieb streichen und etwas einkochen lassen.
6. Den Zucker in einer Pfanne leicht karamelisieren und damit die Birnen überziehen.
Dazu schmecken Kartoffelstücke in der Gänsebrühe gegart.
(Foto Seite 100)

In Rotwein geschmorte Gans

Für 4 Portionen

1 Gans (etwa 3000 g)
Salz, Pfeffer aus der Mühle
getrockneter Thymian
getrockneter Majoran
1/8 l Rotweinessig
1/4 l kräftiger Rotwein
1 Zwiebel
1000 g Kartoffeln
1 Zucchino
2 Äpfel
1 Dose geschälte Tomaten
4 frische Feigen

1. Den Backofen auf 200° C vorheizen. Die Gans unter fließendem Wasser innen und außen waschen und trockentupfen. Anschließend innen und außen mit Salz, Pfeffer und je 1 Eßlöffel getrocknetem Thymian und Majoran einreiben.
2. Den Rotweinessig in einen Bräter gießen und die Gans mit der Brustseite nach unten hineinsetzen. In den vorgeheizten Backofen schieben. Nach 10 Minuten die Gans wenden und den Rotwein angießen.
3. Die Zwiebel schälen und fein hacken. Die Kartoffeln schälen und in kleine Stücke schneiden. Den Zucchino putzen und würfeln, die Äpfel schälen, vierteln, das Kerngehäuse herausschneiden, das Fruchtfleisch in dicke Spalte schneiden. Die Tomaten pürieren.
4. Die Obst- und Gemüsestücke um die Gans legen, mit dem Tomatenpüree begießen, je 1 Teelöffel mit Thymian und Majoran bestreuen, mit Salz und Pfeffer würzen.
5. Die Garzeit der Gans beträgt etwa 2 Stunden. Die Gans alle 15 Minuten mit der Schmorflüssigkeit begießen.
6. Die letzten 5 Minuten die geviertelten Feigen um die Gans legen.
(Foto Seite 101)

DER GUTE TIP

Frische Feigen sind nicht immer vorrätig. Statt dessen können Sie auch getrocknete Feigen verwenden. Weichen Sie sie über Nacht in kaltem Wasser ein, und schneiden Sie sie dann in dicke Scheiben, die ebenfalls etwa 5 Minuten mit der Gans gegart werden.

Gänsebraten mit Zimtäpfeln

Für 6 Portionen

1 Gans (etwa 4500 g)
Salz, Pfeffer aus der Mühle
2 Äpfel
einige Stiele Beifuß
½ TL getrockneter Majoran
etwas heller Saucenbinder

Bratäpfel:

6 Äpfel (Cox-Orange)
6 kleine Zimtstangen
50 g kalifornische Rosinen
1 Stück frischer Ingwer
6 Gewürznelken
6 Wacholderbeeren
¼ TL Korianderpulver
100 ml Calvados
¼ l Weißwein
2 EL brauner Zucker

1. Den Backofen auf 180° C vorheizen. Die Gans innen und außen waschen und trockentupfen. Anschließend innen und außen mit Salz und Pfeffer einreiben. Die geschälten Äpfel mit dem Beifuß in den Bauch legen und die Öffnung mit Küchengarn zunähen. Die Gans mit einer Gabel rundherum leicht einstechen, damit das Fett besser ausbraten kann.

2. Die Gans mit der Brustseite nach unten auf einen Rost legen und in den Backofen schieben. Darunter die Saftpfanne einschieben und mit ½ l heißem Wasser füllen.

3. Die Gans alle 30 Minuten wenden und mit etwas heißem Salzwasser begießen. Die Bratzeit beträgt etwa 4 Stunden. Die letzten 30 Minuten die Gans mit der Brustseite nach oben legen, mit kaltem Salzwasser bestreichen und den Backofen auf 200° C stellen. Den Majoran in die Saftpfanne streuen.

4. Die fertig gebratene Gans warm stellen. Den Bratensatz in einen Topf gießen, entfetten und leicht mit einem Saucenbinder andicken. Die Sauce mit Salz und Pfeffer abschmecken.

5. Während die Gans brät, die Äpfel schälen. Mit einem Apfelausstecher das Kerngehäuse herausschneiden. In jede Öffnung eine kleine Zimtstange stecken und einige Rosinen hineindrücken.

6. Den Ingwer schälen und grob würfeln, mit den Gewürznelken, den zerquetschten Wacholderbeeren, dem Korianderpulver, dem Calvados, dem Weißwein und dem Zucker in einem Topf mischen. Die gefüllten Äpfel hineinsetzen und zum Kochen bringen. Die Äpfel im offenen Topf auskühlen lassen.

7. Die Flügel und Keulen an den Gelenken von der Gans abschneiden. Das Brustfleisch vom Knochen, und dann in Scheiben schneiden. Die Zimt-

äpfel nochmals in dem Sud erwärmen und mit der zerteilten Gans und der Sauce auf einer Platte anrichten. Die restliche Sauce getrennt servieren. Dazu schmecken Rot- oder Rosenkohl sowie Salzkartoffeln.
(Foto Seite 102/103)

Mit Sauerkraut gefüllte Gans

Für 4 Portionen

20 g getrocknete Steinpilze
2 Zwiebeln
2 EL Schweineschmalz
1000 g Sauerkraut vom Faß
1 Prise Zucker
Salz
Pfeffer aus der Mühle
1 Gans (etwa 3000 g)
heller Saucenbinder

1. Die Steinpilze in lauwarmem Wasser 15 Minuten einweichen, dann gut spülen. Das Einweichwasser durch einen Kaffeefilter gießen und auffangen. Den Backofen auf 180° C vorheizen.
2. Die Zwiebeln schälen und fein hacken. In dem heißen Schweineschmalz weich dünsten. Das Sauerkraut, Zucker, Salz und Pfeffer dazugeben und aufkochen lassen. Die Steinpilze und das Einweichwasser dazugeben und 15 Minuten schmoren.
3. Die Gans unter fließendem Wasser innen und außen waschen und trockentupfen. Anschließend innen und außen mit Salz und Pfeffer einreiben.
4. Das gut abgetropfte Sauerkraut in die Gans geben und den Bauch mit Küchengarn zunähen. Die Gans mit der Brustseite nach unten auf den Rost im Backofen legen, die Saftpfanne darunterschieben und mit 1/2 l heißen Wasser füllen. Die Gans insgesamt etwa 2 1/2 Stunden braten. Alle 30 Minuten wenden und mit etwas heißem Salzwasser begießen. Die letzten 30 Minuten die Gans mit der Brustseite nach oben legen, mit kaltem Salzwasser bestreichen, den Backofen auf 200° C erhitzen, die Gans knusprig braten.
5. Die fertig gebratene Gans im Backofen warm halten. Den Bratenfond in einen Topf gießen, entfetten und mit dem Saucenbinder binden.
6. Das Sauerkraut aus der Gans holen. Die Gans tranchieren und die Teile mit dem Sauerkraut auf einer Platte anrichten. Dazu passen in Butter und Zucker karamelisierte Maronen oder Semmelknödel.

Wachteln im Nest

Für 2 Portionen

Maronenpüree:

1 kleine Dose Eßkastanien
(200 g Einwaage)
1 TL Butter
1 EL Zitronensaft
1 Msp. Pfeffer
½ TL Salz

außerdem:

4 EL Madeira
1 EL Instantbratensauce
4 junge Wachteln (à 90 g)
Pfeffer
Salz
30 g Butter
4 Scheiben Toastbrot
frische Brunnenkresse
oder Dill

1. Die Kastanien aus der Dose auf dem Sieb abtropfen lassen, in den Mixer geben und pürieren. (Falls kein Mixer vorhanden ist, kann man die Eßkastanien zerdrücken und mit einem Holzlöffel durch das Sieb streichen.)
2. In einer Schüssel mit der Butter, dem Zitronensaft, Pfeffer und Salz zu einer glatten Creme verrühren. In einen Spritzbeutel (Sterntülle verwenden) füllen und beiseite legen.
3. ⅛ l Wasser und den Madeira in einem Topf zum Kochen bringen. Instantbratensauce einrühren und aufkochen lassen.
4. Die Wachteln unter fließendem Wasser innen und außen waschen und trockentupfen.
5. Die Hälfte der Butter in einem Schmortopf zerlaufen lassen. Die Wachteln hineinlegen und rundherum in etwa 5 Minuten gut anbraten. Mit der Madeirasauce übergießen, den Topf schließen, den Herd auf kleine Wärmestufe schalten und die Wachteln in weiteren 8–10 Minuten gar schmoren.
6. In der Zwischenzeit aus den Toastscheiben runde Scheiben ausschneiden. Die restliche Butter in der Pfanne zerlaufen lassen und die Weißbrotscheiben darin von beiden Seiten goldbraun braten. Die Weißbrotscheiben auf eine vorgewärmte Platte (oder portionsweise auf Teller) legen. In die Mitte jeweils eine Wachtel setzen. Rund um die Wachteln einen Kranz Maronenpüree spritzen, so daß die Wachteln im „Nest" liegen. Mit frischer Brunnenkresse oder Dillsträußchen garnieren.
Dazu passen am besten frische Salate.
(Foto Seite 104)

Wachteln mit Früchten

Für 3 Portionen

6 Wachteln (à 90 g)
etwas Salz
125 feine Kalbsleberwurst
2 cl Cognac oder Weinbrand
1 kleine Dose Trüffeln
40 g Butter
½ Tasse Fleischbrühe
250 g grüne Weintrauben
6 Mandarinen oder 1 kleine
Dose Mandarinenscheiben

1. Die Wachteln unter fließendem Wasser innen und außen waschen und trockentupfen. Mit wenig Salz würzen.
2. Die Kalbsleberwurst in ein Schüsselchen geben, den Cognac und die ganz fein gehackten Trüffeln hinzufügen und alles miteinander vermischen. Die Wachteln mit dieser Farce füllen und die Öffnungen mit Holzspießchen zustecken.
3. 30 g Butter in einer Pfanne erhitzen – aber nicht bräunen –, die Wachteln hineingeben und rundherum in 8 Minuten braun braten. Die Brühe dazugießen und die Wachteln bei geschlossener Pfanne in etwa 6–8 Minuten gar schmoren.
4. In der Zwischenzeit die Weintrauben waschen und abzupfen. Die Mandarinen schälen und in Scheiben teilen oder Mandari-

nen aus der Dose auf einem Sieb abtropfen lassen. In einer kleinen Kasserolle die restliche Butter zum Schmelzen bringen. Die Früchte hineingeben und ungefähr 5 Minuten dünsten.

5. Die Wachteln auf einer vorgewärmten Platte anrichten und mit den Früchten umlegen.
Dazu paßt knusprig-frisches Baguette
(Foto Seite 105)

Überbackene Brathähnchen

Für 2 Portionen

1 Hähnchen (etwa 900 g)
Pfeffer
Salz
2 EL Öl
1 TL Paprika
½ TL Curry
2 Knoblauchzehen

zum Überbacken:

6 Aprikosenhälften aus der Dose
1 Tasse gekochter Reis
10 g Butter
Salz, Pfeffer aus der Mühle
Paprika
1–2 EL Semmelbrösel
1 Zitrone

1. Den Backofen auf 220° C vorheizen.
Das Hähnchen unter fließendem Wasser innen und außen gründlich waschen und trockentupfen. Innen leicht mit Pfeffer und Salz würzen.

2. Die Flügel im Gelenk verdrehen und unter den Rücken stecken. Die Beine mit Küchengarn zusammenbinden.

3. In einer Tasse das Öl mit Salz, Pfeffer, Paprika, Curry und den zerdrückten Knoblauchzehen verrühren.

4. Das Hähnchen mit der Brustseite nach oben in eine Auflaufform legen, mit der Würzmischung bepinseln und in den vorgeheizten Backofen schieben.
Je nach Größe des Hähnchens in 25–30 Minuten goldbraun braten. Zwischendurch einige Male mit der Würzmischung bepinseln.

5. Inzwischen die Aprikosenhälften in kleine Würfel schneiden und mit dem Reis in der Schüssel vermischen.

6. Die Butter in der Kasserolle bei mittlerer Wärmestufe erhitzen. Den Aprikosenreis hineingeben und 5 Minuten durchschmoren. Dann mit Pfeffer, Salz und etwas Paprika abschmecken.

7. Das gebratene Hähnchen der Länge nach halbieren und mit der Innenseite nach oben auf feuerfeste Platten legen. Den Aprikosenreis darauf verteilen und mit den Semmelbröseln bestreuen. Eventuell noch einige Butterflöckchen darübergeben.

8. Die Hähnchenhälften unter dem vorgeheizten Grill oder bei stärkster Wärmestufe im Backofen etwa 5 Minuten überbacken. Mit Zitronenscheiben garniert servieren. Dazu passen Salat, Toastbrot und Butter.

Hähnchenbrust-roulade auf Möhrengemüse

Für 4 Portionen

2 Hähnchenbrüste
Salz
Pfeffer aus der Mühle

Füllung:
100 g Kalbsbrät
50 g luftgetrockneter Schinken
120 g Kalbsleber
3 Eigelb von hartgekochten Eiern
1 EL gehackter Dill

Gemüse:
2 EL Butter
1 Zwiebel
500 g Möhren
1/2 gelbe Paprikaschote
1 Tomate
1 Lorbeerblatt
1 Zweig Rosmarin
1/8 l Instanthühnerbrühe
1/4 l Weißwein
2 EL gehackte Petersilie
2 EL flüssige Butter

Sauce:
400 g Zwiebeln
50 g luftgetrockneter Schinken
3 EL kaltgepreßtes Olivenöl
1 1/2 gelbe Paprikaschoten
1 rote Chilischote
900 g Tomaten
Salz
Pfeffer aus der Mühle
1 Msp. Curry
1 Msp. Kardamom
1 Msp. Gewürznelken

1. Die Hähnchenbrüste unter fließendem Wasser waschen und trockentupfen. Mit einem scharfen Messer die Brüste quer halbieren und flach klopfen. Die innere Seite mit Salz und Pfeffer bestreuen. Den Backofen auf 180° C vorheizen.
2. Das Kalbsbrät in ein Gefäß geben. Den Schinken sehr fein würfeln. Die Kalbsleber kalt abspülen und fein hacken, mit dem Schinken zum Brät geben. Das Eigelb durch ein feines Sieb zum Fleisch drükken. Die Füllung mit dem gehackten Dill, Salz und Pfeffer würzen und auf die ausgebreiteten Hähnchenbrüste streichen, dann aufrollen, außen mit Pfeffer und Salz bestreuen und mit Küchengarn zu Rouladen zusammenbinden.
3. Die Butter in einem Bräter schmelzen lassen. Die Zwiebel schälen und fein hacken, in der Butter weich dünsten. Die Möhren putzen, schälen und in dünne Scheiben schneiden, zu den Zwiebelwürfeln geben.
4. Die halbe Paprikaschote putzen und fein würfeln, die Tomaten häuten, vom Stielansatz befreien und fein würfeln, mit dem Lorbeerblatt, dem Rosmarinzweig, der Hühnerbrühe, dem Weißwein und der Petersilie zu den Möhren geben und alles erhitzen.

5. Auf das heiße Gemüse die Hähnchenbrustrouladen setzen, mit flüssiger Butter bestreichen und abgedeckt in den heißen Ofen schieben. Nach 15 Minuten die Rouladen wenden und mit der restlichen Butter bestreichen.
6. Für die Sauce die Zwiebeln schälen und fein hakken. Den Schinken grob würfeln. Beides in dem heißen Olivenöl anschwitzen. Die Paprikaschote putzen und fein würfeln, ebenso die gehäuteten, vom Stielansatz befreiten Tomaten. Alles mit den Zwiebeln mischen und 20 Minuten kräftig kochen lassen.
7. Die Sauce durch ein Sieb streichen, etwas einkochen lassen, dann mit den Gewürzen abschmecken.
8. Die Rouladen aufschneiden, das Lorbeerblatt und den Rosmarinzweig entfernen, das Gemüse umrühren. Mit dem Gemüse auf einer Platte anrichten, die Sauce dazu servieren.
Dazu schmecken in Olivenöl und Rosmarinnadeln ganz gebratene Kartoffeln.
(Foto Seite 106)

Gefüllte Hühnerbrüstchen

Für 4 Portionen

4 Hühnerbrüstchen (à 150 g)
Pfeffer aus der Mühle, Salz
150 g Hähnchen- oder Putenleber
100 g frische Champignons
2 Eier
2 EL Semmelbrösel
1 Msp. Cayennepfeffer
½ TL Basilikum
1 Msp. geriebene Muskatnuß
½ TL Rosenpaprika
1 EL Sahne
20 g Mehl
50 g Semmelbrösel
6 EL Öl

Sauce:

½ Bund Petersilie
1 P. Instantgeflügelsauce
1 unbehandelte Zitrone

1. Die Brüstchen unter fließendem Wasser abspülen und trockentupfen. Dann leicht mit Salz und Pfeffer einreiben.

2. Die Geflügelleber ganz fein hacken und in eine Schüssel geben. Die Champignons mit einem feuchten Tuch abreiben, die Stielenden abschneiden. Die Hälfte in dünne Scheiben schneiden und beiseite stellen. Den Rest fein hacken und zu der feingehackten Leber in die Schüssel geben.

3. Die Eier über einer Tasse vorsichtig trennen. Die Eiweiße in einen Teller geben, die Eigelbe in die Schüssel zu den anderen Zutaten geben. Semmelbrösel, Cayennepfeffer, Basilikum, Muskatnuß, Rosenpaprika, etwas Pfeffer und Salz hinzufügen. Alles zu einer glatten, würzigen Masse vermischen.

4. Die Geflügelbrüstchen waagerecht aufschneiden, so daß eine Tasche entsteht. Die Leberfarce hineinfüllen. Die Taschen mit Holzspießchen zusammenstecken.

5. Die Sahne zum Eiweiß in den Teller geben und mit dem Schneebesen schaumig schlagen.

6. Die Hühnerbrüstchen nacheinander in Mehl wälzen, in den Eischaum tauchen und in Semmelbröseln wenden. Die Panade gut andrücken.

7. In der Pfanne das Öl bei starker Wärmezufuhr erhitzen. Die Hühnerbrüstchen hineinlegen und rundherum in 5–8 Minuten goldbraun braten.

8. Aus der Pfanne nehmen und auf einer Platte warm halten. 2 Eßlöffel vom Bratfett in einen Topf geben. Die zurückbehaltenen Champignonscheiben hineingeben. Die Petersilie fein hacken und hinzufügen. Etwa 3 Minuten dünsten, dann ¼ l warmes Wasser dazu gießen, die Geflügelsauce mit dem Schneebesen einrühren und aufkochen lassen. Die Sauce in eine Sauciere gießen.

9. Die Zitrone waschen, abtrocknen und in Achtel schneiden. Die Geflügelbrüstchen mit Zitronenachteln und Petersiliensträußchen garniert servieren. Dazu passen Kartoffelpüree und zart gedünstete Erbsen.

Hähnchen in Champagnersauce

Für 2 Portionen

1 Hähnchen (etwa 1000 g)
2 EL flüssige Butter
Salz, Pfeffer aus der Mühle
3 EL Butter
250 g frische Champignons
1 TL Tomatenmark
2 Gläser Champagner oder trockener Sekt (brut)
100 g Crème double

1. Das Hähnchen unter fließendem Wasser waschen und trockentupfen. Innen und außen mit der flüssigen Butter bestreichen, dann innen und außen salzen und pfeffern.
2. Die Butter erhitzen, ohne daß sie braun wird, das Hähnchen hineinsetzen und bei nicht zu großer Hitze rundherum anbraten.
3. Die Champignons mit einem feuchten Tuch abreiben, die Stiele kürzen oder abschneiden. Die Pilze blättrig schneiden und um das Hähnchen legen. Das Tomatenmark und 1 Glas Champagner oder Sekt dazugeben.
4. Das Hähnchen nach 25 Minuten wenden und das zweite Glas Champagner dazu gießen. Nach etwa 50 Minuten das Hähnchen herausnehmen, vierteln und warm stellen.

5. Die Sauce pürieren, dann durch ein Sieb streichen, mit der Crème double mischen und dicklich einkochen.
Dazu schmecken Nudeln und verschiedene feine Gemüse wie Wirsing und Möhren.
(Foto Seite 108)

Gebratene Tauben in Chilisauce

Für 4 Portionen

4 junge Tauben
1 EL Salz
6 EL Sonnenblumenöl
2 Chilischoten
1 Stück frischer Ingwer
2 Knoblauchzehen
2 EL Tomatenmark
einige Salatblätter
10 Frühlingszwiebeln

1. Die Tauben unter fließendem Wasser innen und außen abwaschen und trockentupfen.
2. Die Tauben in einen Topf legen, mit dem Salz bestreuen und mit Wasser bedecken, 20 Minuten leise kochen lassen. Herausnehmen und trockentupfen.
3. Das Öl in einer Pfanne erhitzen und die Tauben darin anbraten.
4. Die Chilischoten in feine Ringe schneiden, den Ingwer schälen und fein reiben, den Knoblauch schälen und fein hacken. Alles über die Tauben geben und diese 15 Minuten auf beiden Seiten braten.
5. Das Tomatenmark mit etwas Wasser verrühren, über die Tauben gießen und einkochen lassen.
6. Eine Platte mit den gewaschenen Salatblättern auslegen. Die Tauben halbieren, mit der scharfen Sauce bestreichen und auf die Salatblätter legen. Mit den geputzten Frühlingszwiebeln garnieren.
Dazu paßt Safranreis.
(Foto Seite 109)

Gefüllter Fasan

Für 6 Portionen

2 junge Fasanen (à 1000 g)
Salz, Pfeffer aus der Mühle
200 g durchwachsener geräucherter Speck in Scheiben
1 Zwiebel
100 g Geflügelleber
150 g frische Champignons
200 g Schweinefleisch
1 Ei, 2 EL Semmelbrösel
1/4 TL Majoran
4 cl Cognac oder Weinbrand
30 g Butter

Sauce:
200 ml Rotwein
1/2 Tasse Wasser
3 EL süße Sahne
1 TL Tomatenmark
1 gehäufter TL Speisestärke
Pfeffer aus der Mühle

1. Den Backofen auf 220° C vorheizen. Die küchenfertigen Fasane unter fließendem Wasser innen und außen abwaschen und trockentupfen. Außen mit Salz und Pfeffer einreiben.
2. 50 g Speck in kleine Würfel schneiden, in eine Pfanne geben und glasig anbraten.
3. Die Zwiebel schälen und ebenso wie die Geflügelleber in Würfel schneiden. Zum Speck in die Pfanne geben, kräftig anbraten. Die Champignons putzen und in Scheiben schneiden.
4. Das Schweinefleisch zweimal durch den Fleischwolf drehen. In eine Schüssel geben, die Champignons, gebratene Geflügelleber, das Ei, die Semmelbrösel, den Majoran, Salz, Pfeffer und Cognac hinzufügen. Alles miteinander vermischen und die Farce gut abschmecken. In die Fasane füllen und die Öffnung mit Küchengarn zunähen.
5. Die restlichen Speckscheiben auf die Fasanenbrüste legen und mit Küchengarn festbinden. Dann die Beine der Fasane zusammenbinden.
6. Die Fasane mit der Brustseite nach oben in einen Bräter legen und in den Backofen schieben. In 35–45 Minuten (größere Vögel 50–55 Minuten) braun braten. Zwischendurch mit flüssiger Butter und dem ausbratenden Saft bepinseln, eventuell etwas Rotwein über die Fasane träufeln.
7. Die Fasane aus dem Bräter nehmen, 5 Minuten ruhen lassen. Dann die Keulen abtrennen, die Brustfilets ablösen und in schräge Scheiben schneiden. Mit der Füllung auf einer vorgewärmten Platte anrichten.
8. Für die Sauce den Bratenfond mit Rotwein und Wasser lösen und durch ein Sieb in einen Topf gießen.

9. Das Tomatenmark in einer Tasse mit der Speisestärke und der Sahne glatt verrühren. In den Bratenfond rühren und aufkochen lassen. Nach Geschmack würzen und in eine Sauciere geben. Dazu passen Kroketten.

Fasan nach Art der Großmutter

Für 4 Portionen

1 junger Fasan (etwa 1500 g)
1 Zitrone
1/2 TL Pfeffer
1 TL Paprika
1 TL Salz
100 g fetter Speck in großen Scheiben
3 EL Öl
1 Tasse Fleischbrühe
1/8 l Weißwein

1. Den Backofen auf 220° C vorheizen. Den Fasan unter fließendem Wasser innen und außen gründlich waschen und trockentupfen.
2. Die Zitrone auspressen und den Saft in den Fasan träufeln. Pfeffer, Paprika und Salz in einer Tasse vermischen. Den Fasan innen und außen mit der Mischung einreiben.
3. Die Fasanenbrust und Keulen mit den Speckscheiben belegen und mit Küchengarn festbinden.
4. Das Öl in eine Pfanne geben und bei starker Wärmezufuhr erhitzen. Den Fasan in die Pfanne legen und rundherum in 8–10 Minuten anbraten.
5. Den Fasan aus der Pfanne mit der Brustseite nach oben in eine feuerfeste Form legen, mit dem Bratenfett übergießen und in den Backofen schieben. 20 Minuten braten, zwischendurch mit Fleischbrühe und Weißwein übergießen.
6. Den Speck vom Fasan nehmen, damit das Fleisch nachbräunen kann (stärkere Oberhitze einstellen) und in 8–10 Minuten fertigbraten.
7. Den Speck fein hacken, mit dem Bratenfond vermischen und als Sauce reichen.
Dazu passen Rosenkohl und Salzkartoffeln.
(Foto Seite 110)

Fasan mit Weinkraut im Tontopf

Für 2 Portionen

2 Zwiebeln
50 g Gänse- oder Schweineschmalz
500 g Sauerkraut
1 Apfel
5 Wacholderbeeren
2 Lorbeerblätter
1/4 l lieblicher Weißwein
1 Fasan
Salz, Pfeffer aus der Mühle
1 TL edelsüßes Paprikapulver
4 EL flüssige Butter

1. Den Tontopf nach Vorschrift wässern.
2. Die Zwiebeln schälen und fein hacken. In dem heißen Schmalz weich dünsten. Das Sauerkraut dazugeben. Den Apfel schälen, vierteln, das Kerngehäuse entfernen und das Fruchtfleisch fein würfeln. Mit den zerquetschten Wacholderbeeren, den Lorbeerblättern sowie dem Weißwein zum Sauerkraut geben. Das Ganze einmal aufkochen lassen.
3. Das Sauerkraut in den Tontopf schichten.
4. Den Fasan unter fließendem Wasser innen und außen waschen. Anschließend innen und außen mit Salz, Pfeffer und Paprikapulver einreiben.
5. Den Fasan ins Sauerkraut setzen, mit der flüssigen Butter beträufeln und den Tontopf schließen. Bei 220° C etwa 80 Minuten garen.
6. Nun den Deckel entfernen und den Fasan die letzten 10 Minuten braun braten.
Dazu schmeckt Kartoffelpüree.
(Foto Seite 111)

Fasanenbrust im Hemd

Für 4 Portionen

- *2 Fasane*
- *1 Bund Suppengrün*
- *1 Tomate*
- *100 g Butter*
- *1 TL getrockneter Thymian*
- *1 Lorbeerblatt*
- *4 Wacholderbeeren*
- *1/4 l kräftiger Rotwein*
- *4 große Wirsingblätter*
- *1 Zwiebel*
- *1 EL Butter*
- *250 g Kalbsbrät*
- *100 g frische Champignons*
- *1 Ei*
- *125 g süße Sahne*
- *Salz, Pfeffer aus der Mühle*
- *frisch geriebene Muskatnuß*
- *1 Schweinenetz*
- *8 EL flüssige Butter*
- *125 g süße Sahne*
- *heller Saucenbinder*

1. Die Fasane unter fließendem Wasser innen und außen waschen und trockentupfen.
2. Mit einem scharfen Messer die Brüste vom Knochen lösen. Sehnen und Fett wegschneiden. Die Brüste kalt stellen.
3. Das Fleisch von den Keulen schneiden, Sehnen und Haut entfernen. Das Fleisch fein würfeln und ebenfalls kalt stellen.
4. Das Suppengrün putzen, waschen und grob würfeln. Die Tomaten häuten, vom Stielansatz befreien und würfeln.
5. Die Knochen der Fasane grob hacken und in der Butter mit der Keulen- und Brusthaut rundherum anrösten, das gewürfelte Gemüse, den Thymian, das Lorbeerblatt und die zerquetschten Wacholderbeeren dazugeben. Mit dem Rotwein ablöschen und 30 Minuten leicht kochen lassen. Eventuell noch etwas Wasser nachgießen. Diese Saucengrundlage beiseite stellen.
6. Die Wirsingblätter für 3 Minuten in kochendes Wasser legen, herausnehmen, abtropfen lassen und trockentupfen. Nebeneinander ausbreiten und die Strünke herausschneiden. Den Backofen auf 180° C vorheizen.
7. Die Zwiebel schälen und fein hacken. In der heißen Butter weich dünsten, abkühlen lassen.
8. Das Kalbsbrät in eine Schüssel geben. Die Champignons mit einem feuchten Tuch abreiben, die Stiele entfernen, die Pilze grob würfeln und mit dem Ei, der Sahne, den zurückgestellten Fleischwürfeln und den abgekühlten Zwiebeln zum Brät geben, mischen und mit Salz, Pfeffer und Muskatnuß würzen.

9. Das gewässerte Schweinenetz in 4 Teile schneiden. Darauf je ein Wirsingblatt legen. Einen Teil der Farce auf die Wirsingblätter streichen, die mit Salz und Pfeffer gewürzten Fasanenbrüste darauf legen. Die restliche Farce auf die Brüste streichen und diese aufrollen.
10. Ein Backblech mit etwas flüssiger Butter einfetten, die 4 Brüste darauf setzen, mit der restlichen Butter beträufeln und ungefähr 20 Minuten braten.
11. Inzwischen die vorbereitete Saucengrundlage durch ein Sieb gießen, die süße Sahne dazu gießen und erhitzen. Die Sauce mit etwas Saucenbinder andicken, mit Salz und Pfeffer abschmecken.
Dazu passen kleine Kartoffelplätzchen oder Kroketten.
(Foto Seite 112)

DER GUTE TIP

Wenn für mehr als 4 Personen kleines Geflügel (wie Hähnchen) zubereitet wird, empfiehlt es sich, dies zerteilt im Backofen zu tun. Einfacher ist es, wenn Geflügel mit gleicher Garzeit geschmort wird. Besonders köstlich schmecken die Kombinationen von Perlhuhn, Ente oder Fasan und Wachtel.

Geflügelvielfalt aus dem Ofen mit roten Linsen und Butterwirsing

Für 8 Portionen

1 Perlhuhn (etwa 1200 g)
1 Fasan (etwa 1000 g)
1 Entenbrust (etwa 250 g)
4 Wachteln
Salz
Pfeffer aus der Mühle
1 Bund frischer Thymian
1 Bund frischer Rosmarin
400 ml Wildfond (Fertigprodukt)
etwa 1/4 l kräftiger Rotwein
250 g frische Champignons
15 Frühlingszwiebeln
60 g Butter
2 Bund glatte Petersilie

Gemüse:
500 g rote Linsen
1 rote Chilischote
1 1/2 l kräftige Hühnerbrühe (siehe Seite 20)
2 Wirsingköpfe (etwa 2000 g)
1 EL Salz
100 g Butter

1. Den Backofen auf 180° C aufheizen. Dann das Perlhuhn und den Fasan innen und außen unter fließendem Wasser waschen und trockentupfen. Anschließend in je 8 Teile schneiden. Die Entenbrust waschen und trockentupfen. Die Wachteln ebenfalls innen und außen unter fließendem Wasser waschen und trockentupfen, dann halbieren.
2. Das Fleisch rundherum salzen und pfeffern.
3. Die Kräuter waschen, trocknen, dann grob hacken.
4. Den Wildfond kräftig einkochen, so daß nur etwa 6 Eßlöffel übrigbleiben. Das Geflügel damit einpinseln. Die Geflügelteile, bis auf die Entenbrust und die Wachteln, mit der Hautseite nach unten in die Saftpfanne des Backofens legen, mit der Hälfte der Kräuter bestreuen und 10 Minuten braten. Dann mit etwas Rotwein ablöschen und die Teile wenden.
5. Die Champignons mit einem feuchten Tuch abreiben, dann vierteln. Die Frühlingszwiebeln putzen (nur der weiße und der hellgrüne Teil wird verwendet) und längs je nach Größe halbieren oder vierteln. Die Champignons und die Frühlingszwiebeln zum Geflügel geben.
6. Die Butter auf dem Herd schmelzen lassen und über das Fleisch, die Pilze und die Zwiebeln träufeln.
7. Nach 35 Minuten die Entenbrust und die halbierten Wachteln zu dem anderen Geflügel geben, mit den restlichen Kräutern bestreuen und weitere 20 Minuten schmoren.
8. Inzwischen die Linsen waschen und verlesen. Die Chilischote in feine Ringe schneiden. Beides in der Hühnerbrühe in etwa 30 Minuten weich kochen, abgießen.
9. Von den Wirsingköpfen die äußeren, dunkelgrünen Blätter entfernen. Die Köpfe vierteln und den Strunk soweit abschneiden, daß die Kohlblätter gerade noch zusammenhalten.
10. Den Wirsing in Salzwasser etwa 10 Minuten garen, dann abtropfen lassen.
11. Die Butter erhitzen und über die Kohlviertel träufeln.
12. Die Entenbrust schräg in Scheiben schneiden und eine angewärmte Platte damit belegen, das andere Geflügel mit den Frühlingszwiebeln und den Champignons dazu setzen und mit dem Wirsing umlegen. Den Bratensatz mit einem Pinsel lösen und über das Fleisch gießen. Die Geflügelvielfalt mit gehackter Petersilie bestreuen. Die Linsen getrennt dazu reichen.

Nachbars Geflügelküche

Geflügel ist nicht nur in unserem Land ein begehrtes und beliebtes Nahrungsmittel, auch unsere Nachbarn besitzen köstliche Geflügelrezepte.
In diesem Kapitel sagen wir Ihnen, wie Sie eine echte spanische Paella mit Geflügelfleisch zu Hause zubereiten können. Wir verraten Ihnen das Rezept für ein französisches Cassoulet, ein Gericht, das die lange Vorbereitungszeit wert ist. Ebenfalls aus Frankreich stammt das Originalrezept von Coq au vin. Fruchtig und würzig schmeckt der Pilaw aus Rußland, und auch italienische und tunesische Gerichte stehen auf unserem Geflügelspeiseplan.

Paella,
Rezept Seite 116

Paella

Spanien

Für 6 Portionen

1 Hähnchen (etwa 800 g)
2 Kaninchenkeulen
200 g mageres Schweinefleisch
6 EL Olivenöl
1 Zwiebel
1 Knoblauchzehe
1 rote Paprikaschote
1 grüne Paprikaschote
2 Tomaten
1 EL Tomatenmark
250 g Mittelkornreis
1 Lorbeerblatt
1 Döschen Safranfäden
Salz
weißer Pfeffer aus der Mühle
150 g TK-Tintenfischringe
300 g Fischfilets (Steinbeißer, Seeteufel)
6 Miesmuscheln
6 Venusmuscheln
4–6 Hummerkrabben
150 g TK-Erbsen
225 g geviertelte Artischockenherzen aus der Dose
2 EL gehackte Petersilie

1. Das Hähnchen unter fließendem Wasser waschen und in 6 Stücke zerteilen. Das Kaninchenfleisch vom Knochen lösen und zusammen mit dem Schweinefleisch in Stücke teilen.
2. Das Öl in einer großen (Paella-)Pfanne erhitzen und die Fleischstücke dann solange braten, bis sie braun sind.
3. Die Zwiebel und den Knoblauch schälen und fein hacken, die Paprikaschoten waschen, putzen und würfeln, die Tomaten vom Stielansatz befreien, mit kochendem Wasser überbrühen, häuten und ebenfalls würfeln.
4. Die Gemüsewürfel mit dem Tomatenmark zum Fleisch geben, den Reis unterheben und 3⁄4 l heißes Wasser zugießen.
5. Das Lorbeerblatt und die mit wenig Wasser verrührten Safranfäden dazugeben, mit Salz und Pfeffer würzen und etwa 10 Minuten leicht kochen lassen.
6. Die Tintenfischringe, die gesäuberten und geschlossenen Muscheln sowie die Hummerkrabben darauf verteilen. Die Fischfilets in Stücke schneiden, hinzufügen und alles 15–20 Minuten abgedeckt bei geringer Hitze garen. Die Pfanne währenddessen ab und zu rütteln, damit nichts anhängt.
7. Etwa 5 Minuten vor Ende der Garzeit die Erbsen und die Artischockenherzen dazugeben und mitgaren. Alle Muscheln müssen danach geöffnet sein; geschlossene unbedingt entfernen!
8. Die Paella mit Petersilie bestreuen und in der Pfanne servieren.
(Foto Seite 114/115)

Baskisches Huhn

Spanien

Für 4 Portionen

1 Brathuhn (etwa 1500 g)
1 gestrichener TL Pfeffer
1 TL Salz
2 EL Mehl
3 EL Öl
250 g Tomaten
500 g Paprikaschoten
100 g frische Champignons
100 g roher Schinken
125 ml Weißwein
1 TL Rosenpaprika
1 Msp. Thymian

1. Das Brathuhn unter fließendem Wasser innen und außen gründlich waschen und trockentupfen. Das Huhn mit der Geflügelschere oder einem großen, scharfen Messer in 12 Stücke teilen. Jedes Stück mit Pfeffer und Salz einreiben und in einem Teller in Mehl wälzen.
2. Das Öl in eine Pfanne geben und bei starker Wärmestufe erhitzen. Die Geflügelteile in die Pfanne geben und von allen Seiten in 10–12 Minuten goldbraun anbraten.
3. Unterdessen die Tomaten häuten und entkernen. Die Paprikaschoten halbieren, das Kerngehäuse herauslösen. Die Paprikahälften waschen und anschleißend in dünne Streifen schneiden.
4. Die Champignons mit einem feuchten Tuch abreiben, die Stielenden abschneiden. Die Champignons in Scheiben und den Schinken in kleine Würfel schneiden.
5. Alles in die Pfanne geben und 5 Minuten durchschmoren. Den Wein, den Rosenpaprika, eventuell noch etwas Pfeffer und Salz hinzufügen. Den Deckel der Pfanne schließen, den Herd auf kleine Wärmestufe zurückschalten und das Fleisch in 15 Minuten gar schmoren.
Dazu passen frisches, knuspriges Stangenweißbrot, Reis oder Nudeln.
(Foto Seite 116)

Wachteln im Hemd mit Traubensauce

Spanien

Für 4 Portionen

8 Wachteln
Salz
Pfeffer aus der Mühle
8 Scheiben roher spanischer oder luftgetrockneter Schinken
350 g Weintrauben
30 g Schweineschmalz oder kaltgepreßtes Olivenöl
¼ l Weißwein
etwas Speisestärke

1. Die Wachteln unter fließendem Wasser waschen und trockentupfen. Anschließend innen und außen mit Salz und Pfeffer bestreuen.
2. Jede der Wachteln in 1 Scheibe Schinken einwickeln.
3. Die gewaschenen Weintrauben halbieren, entkernen und schälen.
4. Das Schweineschmalz oder das Öl in einem Bräter erhitzen und die Wachteln darin rundherum anbraten, die Trauben dazugeben und 10 Minuten schmoren, zwischendurch nach und nach mit dem Weißwein begießen.
5. Die fertig geschmorten Wachteln herausnehmen und warm stellen.
6. Die Speisestärke mit etwas kaltem Wasser verrühren und die Sauce damit leicht binden. Die Wachteln in der Sauce erwärmen.
Dazu paßt Reis oder knusprig frisches Weißbrot.
(Foto Seite 117)

Fasan mit Trüffeln

Spanien

Für 4 Portionen

- *1 Fasan*
- *Salz*
- *Pfeffer aus der Mühle*
- *2 Entenlebern*
- *2 EL kaltgepreßtes Olivenöl*
- *100 g Trüffeln*
- *1/2 l Portwein*
- *50 g Schweineschmalz*

1. Den Fasan innen und außen unter fließendem Wasser waschen und trockentupfen. Dann innen und außen salzen und pfeffern.
2. Die Entenlebern ebenfalls waschen und trockentupfen. In dem heißen Olivenöl auf beiden Seiten je 60 Sekunden braten. Anschließend im Mixer pürieren (oder zerschneiden und durch ein Sieb streichen).
3. Die Trüffeln putzen und in kleine Stückchen schneiden. Die Hälfte mit dem Portwein aufkochen und abgetropft unter die Leber mischen. Salzen und pfeffern.
4. Den Fasan mit der Lebercreme füllen und den Bauch mit Küchengarn zusammennähen. Anschließend den Fasan 12 Stunden im Portwein marinieren. Nach 6 Stunden einmal wenden.
5. Den Fasan aus der Marinade nehmen und trockentupfen. Das Schweineschmalz erhitzen und den Fasan darin rundherum anbraten, etwas Marinade angießen und 30 Minuten schmoren lassen. Immer wieder etwas Marinade dazugeben. Die restlichen Trüffeln mit der Sauce verrühren und weitere 15 Minuten garen.
6. Den fertig gebratenen Fasan halbieren und mit der Sauce begießen.
Dazu schmecken selbst gemachte Eiernudeln.
(Foto Seite 118/119: oben)

Rebhuhn mit Schokoladensauce

Spanien

Für 4 Portionen

- *2 Rebhühner*
- *Salz*
- *Pfeffer aus der Mühle*
- *2 Zwiebeln*
- *1 Bund Suppengrün*
- *125 ml kaltgepreßtes Olivenöl*
- *1/4 l Weißwein*
- *1 EL Zitronensaft*
- *2 Lorbeerblätter*
- *30 g Herrenschokolade*
- *4 dicke Scheiben Weißbrot*
- *2 EL kaltgepreßtes Olivenöl*

1. Die Rebhühner unter fließendem Wasser waschen und trockentupfen, innen und außen salzen und pfeffern.
2. Die Zwiebeln schälen und fein hacken, das Suppengrün putzen und fein würfeln.
3. Das Olivenöl erhitzen und die Rebhühner darin rundherum anbraten, herausnehmen und die Zwiebeln und das Suppengrün darin 5 Minuten schmoren, den Weißwein, den Zitronensaft, die Lorbeerblätter und 1/4 l heißes Wasser dazugeben und die Rebhühner etwa 20 Minuten darin garen. Die Rebhühner einmal wenden.
4. Die Rebhühner warm stellen. Die Sauce durch ein Sieb gießen und etwas einkochen lassen, die Schokolade darin auflösen.
5. Die Brotscheiben toasten und mit dem Olivenöl bestreichen. Die Rebhühner halbieren, auf jede Brotscheibe ein halbes Rebhuhn setzen und mit der Sauce begießen.
(Foto Seite 118/119: unten)

Pot au feu

Frankreich

Für 6 Portionen

2 Markknochen
2 Rinderknochen
2 Kalbsknochen
500 g Suppenfleisch
200 g magerer, geräucherter Speck
1 EL Pfefferkörner
3 Lorbeerblätter
8 Wacholderbeeren
1 Gewürznelke
2 Knoblauchzehen
2 Zwiebeln
4 Stengel Petersilie
1 Poularde (etwa 1500 g)
1 EL Salz
3 Möhren
1 Kohlrabi
4 Stangen Bleichsellerie
250 g Bohnen
250 g Kartoffeln
3 Stangen Lauch
100 g Erbsenschoten
Salz
Pfeffer aus der Mühle
frisch geriebene Muskatnuß

1. Die Knochen und das Suppenfleisch unter fließendem Wasser abspülen. In einen ausreichend großen Topf legen, den Speck, die Pfefferkörner, die Lorbeerblätter, die zerquetschten Wacholderbeeren, die Gewürznelke und die geschälten Knoblauchzehen dazu legen.
2. Die Zwiebeln schälen, halbieren und in einer Pfanne ohne Fett an den Schnittflächen bräunen. Mit der Petersilie in den Topf geben, alles mit Wasser bedecken und langsam zum Kochen bringen.
3. Den ersten Schaum abschöpfen und eventuell etwas heißes Wasser nachgießen. Die Suppe 60 Minuten köcheln lassen.
4. Inzwischen die Poularde innen und außen waschen und trockentupfen, danach in vier Teile schneiden. Die Markknochen aus der Suppe nehmen. Das weiche Mark herauslösen und mit der Brühe gut verrühren.
5. Nach der ersten Stunde die Poulardenteile in die Suppe legen, wieder den Schaum abschöpfen und eventuell etwas heißes Wasser nachfüllen. Die Brühe salzen.
6. Während die Suppe leise kocht, die Möhren schälen und in dünne Scheiben schneiden. Den Kohlrabi schälen und in Stifte schneiden. Die zarten grünen Blättchen waschen und grob hacken.
7. Die Selleriestangen abfädeln und in dünne Ringe schneiden. Die Bohnen abfädeln. Die Kartoffeln schälen und würfeln. Den Lauch (nur der weiße und hellgrüne Teil wird verwendet) putzen und in Ringe schneiden. Die Erbsenschoten putzen. Das Gemüse kurz waschen und bis auf den Lauch und die Erbsenschoten in einem Topf mischen. Soviel Fleischbrühe durch ein Sieb dazu gießen, daß das Gemüse bedeckt ist. Das Gemüse 10 Minuten kochen lassen, dann den Lauch und die Erbsenschoten hinzufügen und weitere 10 Minuten leicht kochen lassen.
8. Nach 60 Minuten Kochzeit die Poulardenteile aus der Brühe nehmen, abkühlen lassen und von den Knochen lösen. Das Fleisch (ohne die Haut) in Stücke schneiden.
9. Die restliche Brühe durch ein Sieb zum Gemüse gießen, die Brühe mit Salz, Pfeffer und Muskat abschmecken, das Poulardenfleisch dazugeben und sofort servieren.
(Foto Seite 120)

DER GUTE TIP

Diese Gemüsesuppe kann statt mit Kartoffeln auch mit Reis als sättigende Einlage zubereitet werden.
In Frankreich wird gern zuerst die kräftige Brühe mit etwas Reis oder ein paar Kartoffeln gereicht. Anschließend kommt das Poulardenfleisch mit dem Gemüse auf den Tisch. Sollte die Poularde nicht reichen, kann zusätzlich ein Stück magerer Rinderbug oder Tafelspitz mitgekocht werden.

Cassoulet

Frankreich

Für 6 Portionen

500 g weiße Bohnen
2½ l kräftige Hühnerbrühe (siehe Seite 20)
3 Gänsekeulen
200 g durchwachsener Speck
300 g Lammkeule
300 g durchwachsenes Schweinefleisch
3 EL kaltgepreßtes Olivenöl
2 Zwiebeln
3 Knoblauchzehen
1 Bund Suppengrün
1 Dose geschälte Tomaten
1 Glas kräftiger Rotwein
2 EL frische Thymianblätter (oder 1 EL getrockneter Thymian)
Salz
Pfeffer aus der Mühle

außerdem:

8 EL Semmelbrösel
3–4 EL kaltgepreßtes Olivenöl
1 Bund gehackte Petersilie

1. Die weißen Bohnen über Nacht in kaltem Wasser einweichen. Am nächsten Tag die abgegossenen Bohnen zur Hühnerbrühe geben.
2. Die Gänsekeulen unter fließendem Wasser waschen und trockentupfen, mit den Bohnen und dem durchwachsenen Speck in der Brühe zum Kochen bringen. Zuerst den garen Speck herausnehmen, dann die weichen Gänsekeulen. Das Fleisch abkühlen lassen, dann in mundgerechte Würfel schneiden und beiseite stellen. Die Bohnen abgießen, dabei die Brühe auffangen.
3. Die Lammkeule und das Schweinefleisch unter fließendem Wasser waschen, trockentupfen und in mundgerechte Stücke schneiden. In dem heißen Öl rundherum anbraten.
4. Die Zwiebeln und den Knoblauch schälen und fein hacken. Das Suppengrün putzen und ebenfalls fein hacken. Die Tomaten abgießen, den Saft dabei auffangen.
5. Die Zwiebel-, Knoblauch- und Suppengrünwürfel zum Fleisch geben, mit etwas Tomatensaft ablöschen und 30 Minuten schmoren. Eventuell noch etwas Tomatensaft nachgießen.
6. Die geschälten Tomaten grob hacken und mit dem Rotwein zu den Fleischwürfeln geben, einmal aufkochen lassen.
7. Die Gänsefleisch- und Speckwürfel sowie die abgetropften weißen Bohnen dazugeben und mit Thymian, Salz und Pfeffer abschmecken.
8. Alles in einen feuerfesten Topf füllen, mit der Hälfte der Semmelbrösel bestreuen und mit etwas Olivenöl beträufeln. Im 180° C heißen Backofen 35 Minuten backen. Die Kruste mit einem Löffel in die Bohnen drücken. Falls das Cassoulet zu trocken sein sollte, noch etwas von der Hühnerbrühe, in der die Bohnen gekocht wurden, dazugießen. Dann die restlichen Semmelbrösel darüber streuen, wieder mit etwas Olivenöl beträufeln und weitere 40 Minuten bei 160° C backen. Vor dem Servieren mit der gehackten Petersilie bestreuen.
(Foto Seite 121)

1987
PRODUIT DE FRANCE

Coq au vin

Frankreich

Für 4 Portionen

1 Poularde (etwa 1300 g)
Salz
Pfeffer aus der Mühle
3 EL Butter
2 EL kaltgepreßtes Olivenöl
1 EL frische Thymianblättchen
250 g Perlzwiebeln
250 g kleine, frische Champignons

Sauce:
2 EL Butter
2 EL kaltgepreßtes Olivenöl
3 Schalotten
1 Knoblauchzehe
1 Lorbeerblatt
1 Flasche roter Burgunder
Salz, Pfeffer aus der Mühle
1 Prise Zucker
100 g Crème double
heller Saucenbinder
einige Stengel glatte Petersilie

1. Die Poularde unter fließendem Wasser waschen und trockentupfen. Anschließend in vier Teile schneiden, salzen und pfeffern.
2. Die Butter und das Olivenöl in einem Bräter erhitzen und die Poulardenteile darin rundherum anbraten. Die Thymianblättchen darüber streuen.
3. Die Perlzwiebeln schälen, die Champignons putzen. Beides zur Poularde geben. Den Topf schließen und das Geflügel in etwa 40 Minuten gar schmoren. Ab und zu die Poulardenteile wenden.
4. Inzwischen die Sauce zubereiten. Die Butter und das Olivenöl in einem weiten Topf erhitzen. Die Schalotten schälen, fein hacken und in dem heißen Fett weich schmoren. Die Knoblauchzehe schälen und durch die Presse dazu drücken.
5. Das Lorbeerblatt und den Rotwein dazugeben und bei großer Hitze um gut die Hälfte einkochen lassen. Mit Salz, Pfeffer und Zucker würzen. Die Crème double mit dem Schneebesen einrühren und die Sauce mit etwas Saucenbinder binden. Das Lorbeerblatt entfernen.
6. Die Rotweinsauce über die fertig gebratenen Poulardenteile gießen und mit Petersilie garnieren. Dazu passen zarte Butternudeln, körniger Reis oder auch knuspriges Baguette.
(Foto Seite 122)

DER GUTE TIP

Wenn es auch nicht das Originalrezept ist, das Hähnchen in Wein kann natürlich auch direkt in dem Rotwein geschmort werden. Statt einer Poularde können Sie auch 4 Hähnchenkeulen verwenden.

Hähnchenkeulen in Morchelrahm

Frankreich

Für 2 Portionen

20 g getrocknete Morcheln
2 Hähnchenkeulen
Salz
Pfeffer aus der Mühle
2 Schalotten
1 Knoblauchzehe
2 EL Butter
1 EL kaltgepreßtes Olivenöl
4 cl Portwein
1 EL frische Majoranblätter (oder 1 TL getrockneter Majoran)
1 Chilischote
125 g Crème double

1. Die Morcheln mit heißem Wasser bedecken und 15 Minuten quellen lassen.
2. Inzwischen die Hähnchenkeulen unter fließendem Wasser waschen und trockentupfen. Die Haut mit einem scharfen Messer abschneiden. Die Haut wird nicht gebraucht. Anschließend die Keulen mit Salz und Pfeffer bestreuen.
3. Die Schalotten und die Knoblauchzehe schälen und fein hacken. Die Hälfte der Butter in einer Pfanne erhitzen und die Schalotten- und Knoblauchwürfel darin weich dünsten.
4. Die Morcheln gründlich unter fließendem Wasser waschen, das Einweichwasser durch einen Kaffeefilter gießen und auffangen.
5. Die Morcheln mit dem Einweichwasser zu den Schalotten geben und 10 Minuten leicht köcheln lassen.
6. Die restliche Butter und das Olivenöl in einer Pfanne erhitzen und die Hähnchenkeulen darin 30 Minuten sachte braten. Die Keulen herausnehmen und warm stellen.
7. Den Portwein, den Majoran, die fein gehackte Chilischote und die Crème double in die Pfanne geben und um die Hälfte einkochen lassen. Die Morcheln und die Hälfte des Einweichwassers dazugeben und nochmals kräftig erhitzen.
8. Die Hähnchenkeulen auf angewärmte Teller legen und mit der Morchelrahmsauce begießen. Dazu schmecken Reis oder Kartoffelplätzchen.

Maispoularde mit Rosmarin

Frankreich

Für 4 Portionen

1 Maispoularde (etwa 1600 g)
Salz
Pfeffer aus der Mühle
4 Zweige Rosmarin
4 EL kaltgepreßtes Olivenöl
3 EL Butter
3 Zwiebeln
2 Knoblauchzehen
2 Bund Suppengrün
1 EL Tomatenmark
400 ml Geflügelfond (Fertigprodukt)
1 Dose Maiskörner
2 EL süße Sahne

1. Die Poularde unter fließendem Wasser innen und außen waschen und trockentupfen, innen und außen mit Salz und Pfeffer bestreuen. 2 Zweige Rosmarin in ihren Bauch legen.
2. Das Olivenöl und die Butter in einem Bräter erhitzen und die Poularde darin rundherum etwa 10 Minuten braten.
3. Die Zwiebeln und die Knoblauchzehen schälen und fein hacken, um die Poularde legen und auf kleiner Flamme 10 Minuten schmoren. Die Poularde wenden.
4. Die Rosmarinnadeln von den restlichen beiden Zweigen streifen, hacken und zur Poularde geben.
5. Das Suppengrün putzen, fein würfeln und nach weiteren 10 Minuten ebenfalls zur Poularde geben.
6. Das Tomatenmark mit dem Geflügelfond verrühren und die geschmorte Poularde anschließend damit ablöschen.
7. Nach weiteren 10 Minuten die abgegossenen Maiskörner dazugeben und die Sahne angießen. Die Poularde nochmals wenden. Nach etwa 10 Minuten aus dem Bräter nehmen und warm stellen. Das Gemüse durchrühren und nochmals mit Pfeffer und Salz abschmecken.
8. Die Maispoularde in vier Teile schneiden, die Rosmarinzweige entfernen und die Poulardenteile mit dem Gemüse servieren.
Dazu schmeckt ein Tomatensalat.
(Foto Seite 124)

Perlhuhn in Calvadossahne

Frankreich

Für 4 Portionen

2 Perlhühner (à 1000 g)
Salz, Pfeffer aus der Mühle
1 Bund Thymian
10 Wacholderbeeren
6 EL kaltgepreßtes Olivenöl
2 Zwiebeln
1 Knoblauchzehe
1 Bund Suppengrün
1/2 l kräftige Hühnerbrühe (siehe Seite 20)
1/8 l Rotwein
200 g Crème fraîche
4 cl Calvados
2 säuerliche Äpfel
2 EL Butter

1. Die Perlhühner unter fließendem Wasser waschen und trockentupfen. Innen und außen mit Salz und Pfeffer bestreuen.
2. Den Thymian waschen, halbieren und trockentupfen. Die Wacholderbeeren zerquetschen und zusammen mit den Thymianzweigen in die Bäuche legen.
3. Das Olivenöl in einem Bräter erhitzen und die Perlhühner darin auf jeder Seite 5 Minuten anbraten.
4. Die Zwiebeln und die Knoblauchzehe schälen und fein hacken. Das Suppengrün putzen und fein würfeln. Zu den Perlhühnern geben und 5 Minuten mitschmoren.
5. Dann die Hälfte der Geflügelbrühe dazugießen. Nach etwa 30 Minuten sind die Perlhühner weich. Aus dem Bräter nehmen, Thymian und Wacholderbeeren aus den Bäuchen nehmen und in den Bräter legen. Die Perlhühner warm stellen.
6. Die restliche Hühnerbrühe und den Rotwein in den Bräter gießen und alles auf großer Flamme etwas einkochen. Die Crème fraîche und den Calvados in die Sauce geben, weiter einkochen lassen.
7. Inzwischen die Äpfel schälen, vierteln, das Kerngehäuse herausschneiden. Das Fruchtfleisch klein würfeln und in der heißen Butter leicht schmoren.
8. Die Sauce durch ein Sieb gießen und mit den geschmorten Apfelwürfeln mischen. Die Perlhühner in der Sauce nochmals erwärmen.
Dazu schmecken Mandel-Kartoffelkroketten.
(Foto Seite 125)

Wachteln mit Sauerkirschen

Frankreich

Für 2 Portionen

4 Wachteln
Salz, Pfeffer aus der Mühle
1 Zweig Rosmarin
4 EL kaltgepreßtes Olivenöl
1 Zwiebel, 1 Möhre
1 kleines Stück Sellerie
2 EL Tomatenmark
1 Glas Rotwein
300 ml Geflügelfond (Fertigprodukt)
150 g entsteinte Sauerkirschen
2 EL Butter
1 cl Kirschwasser

1. Die Wachteln unter fließendem Wasser innen und außen waschen und trockentupfen. Anschließend mit Salz und Pfeffer einreiben. In jeden Bauch ein Stückchen Rosmarinzweig legen.
2. Das Olivenöl erhitzen und die Wachteln darin rundherum etwa 10 Minuten braten, herausnehmen und warm stellen.
3. Die Zwiebel, die Möhre und das Stück Sellerie schälen und fein würfeln. Mit dem Tomatenmark in dem heißen Öl kräftig schmoren. Dann mit dem Rotwein ablöschen und mit dem Geflügelfond auffüllen. Die Flüssigkeit einige Minuten einkochen lassen.
4. Die Sauce durch ein Sieb streichen. Die Sauerkirschen in der Sauce erhitzen. Anschließend mit der Butter verfeinern und mit dem Kirschwasser aromatisieren.
5. Die Wachteln in der Sauce nochmals leicht erwärmen.
Dazu passen in Butter gebratene Reisplätzchen oder knusprige Kartoffelpuffer.
(Foto Seite 126)

Eingelegte Entenkeulen mit Pfifferlingen

Frankreich

Für 4 Portionen

4 Entenkeulen
1 TL Salz
1 TL grob gemahlener Pfeffer
1 Bund Suppengrün
1½ kg Gänseschmalz, oder Entenschmalz
1 Msp. getrockneter Salbei
½ TL getrockneter Thymian
½ TL Rosmarinnadeln
1 Knoblauchzehe

außerdem:
500 g frische Pfifferlinge
1 Schalotte
1 Knoblauchzehe
1 EL Schmalz
½ TL Salz
Pfeffer aus der Mühle
½ Bund Petersilie

1. Die Entenkeulen unter fließendem Wasser waschen und trockentupfen. Mit dem Salz und dem Pfeffer einreiben und beiseite stellen.
2. Das Suppengrün putzen und fein würfeln. Mit dem Schmalz, den Kräutern und der gehackten Knoblauchzehe in einen Topf geben und erhitzen.
3. Die Entenkeulen in dem heißen Schmalz 50 Minuten auf kleiner Flamme schmoren lassen. Das Schmalz darf nicht dunkel werden.
4. Die eingelegten Entenkeulen können einige Tage im Schmalz im Kühlschrank aufbewahrt werden. Wollen Sie die Keulen erwärmen, braten Sie sie im 200° C heißen Backofen in etwa 30 Minuten knusprig.
5. In der Zwischenzeit die Pilze putzen und möglichst nicht waschen, sondern mit einem feuchten Tuch abreiben. Größere Pfifferlinge halbieren oder vierteln.
6. Die Schalotte und die Knoblauchzehe schälen und fein hacken. Anschließend in dem Schmalz weich schmoren. Die Pilze dazugeben und 5 Minuten schmoren. Mit Salz, Pfeffer und der gehackten Petersilie würzen und mit den Entenkeulen servieren.
Dazu paßt ein Kartoffelgratin.
(Foto Seite 127)

Fasan unter der Haube

Frankreich

Für 4 Portionen

2 Fasane
Salz
Pfeffer aus der Mühle
4 EL kaltgepreßtes Olivenöl
150 g durchwachsener Speck
300 g Möhren
300 g frische Champignons
3 Schalotten
2 cl Madeira
2 cl Weinbrand
1/4 l Instant-Bratensaft
10 Wacholderbeeren
1/2 Bund Petersilie
300 g TK-Blätterteig
2 Eigelb

1. Die Fasane unter fließendem Wasser waschen und trockentupfen. Anschließend innen und außen mit Pfeffer und Salz einreiben.
2. Das Olivenöl in einem Topf erhitzen und die Fasane darin rundherum 30 Minuten braten, dann nebeneinander in eine ofenfeste Form legen.
3. Den durchwachsenen Speck in dünne Streifen schneiden. Die Möhren schälen und in schmale Stifte schneiden, die Champignons putzen und in Scheiben schneiden. Die Schalotten schälen und fein hacken.

4. Die Speckstreifen in dem Bratfett knusprig braten, die Möhrenstifte, die Champignonscheiben und die Schalottenwürfel dazugeben und etwa 5 Minuten schmoren. Anschließend über die Fasane geben.
5. Den Madeira, den Weinbrand und den Bratensaft mit den zerquetschten Wacholderbeeren um die Hälfte einkochen, mit der gehackten Petersilie mischen und über die Fasane gießen. Anschließend kühl stellen. Den Backofen auf 200° C vorheizen.
6. Den Blätterteig fast auftauen lassen, dann zwischen Klarsichtfolie ausrollen und eine Teigplatte ausschneiden, die ungefähr 3 cm größer ist als die Backform.
7. Das Eigelb mit einigen Tropfen Wasser verrühren und den oberen und äußeren Rand der Form damit bestreichen. Die Teigplatte darüber legen und an den Rändern gut andrücken. Die Oberfläche mit dem restlichen Eigelb bestreichen und ungefähr 40 Minuten im heißen Backofen überbacken.

Dazu schmecken kleine, in der Schale gekochte und anschließend in Butter geschwenkte Kartoffeln.
(Foto Seite 128)

DER GUTE TIP

Wollen Sie dieses feine Wildgeflügel abends Ihren Gästen servieren, dann können Sie die Backform soweit vorbereiten, daß Sie abends die Fasane nur noch im heißen Ofen backen müssen.

Geschmorte Tauben Burgunder Art

Frankreich

Für 4 Portionen

3 Tauben
1/2 TL Pfeffer
1 TL Salz
60 g durchwachsener, geräucherter Speck
1 EL Öl
2 Zwiebeln
200 g frische Champignons
1/2 Lorbeerblatt
2 EL Tomatenmark
1 EL Mehl
1/4 l kräftige Hühnerbrühe (siehe Seite 20)
1/8 l Burgunder Rotwein
1 Msp. Cayennepfeffer
1 Msp. Zucker

1. Die Tauben unter fließendem Wasser außen und innen waschen und trockentupfen. Die Tauben mit der Geflügelschere oder einem sehr scharfen Messer vierteln und die Teile mit Pfeffer und Salz einreiben.
2. Den Speck in Würfel schneiden und mit dem Öl in die Pfanne geben. Bei starker Wärmezufuhr knusprig braten.
3. Dann die Taubenstücke hineingeben und 10 Minuten anbraten. Die Stücke dabei wenden.
4. Unterdessen die Zwiebeln schälen, in kleine Würfel schneiden und in die Pfanne geben. Die Champignons mit einem feuchten Tuch abreiben, die Stielenden abschneiden. Die Pilze je nach Größe halbieren oder vierteln und mit dem Lorbeerblatt in die Pfanne geben.
5. Das Tomatenmark mit dem Mehl und ⅛ l Hühnerbrühe verrühren. Mit dem Rotwein über die Taubenstücke gießen. Bei starker Wärmezufuhr zum Kochen bringen, dann die Pfanne schließen und den Herd auf kleinste Wärmestufe schalten. In weiteren 15–20 Minuten gar schmoren.
6. Zwischendurch umrühren und bei Bedarf etwas Brühe nachgießen.
7. Die Sauce mit Cayennepfeffer, Zucker und eventuell etwas Pfeffer abschmecken.

Dazu passen in Butter gebratene kleine Weißbrotscheiben, Polentaschnitten oder Kartoffelpüree und Rotkraut.
(Foto Seite 129)

Geflügelpilaw

Rußland

Für 4 Portionen

500 g Putenbrust
2 Zwiebeln
1 Knoblauchzehe
4 EL Sonnenblumenöl
Salz
Pfeffer aus der Mühle
1 rotschaliger Apfel
100 g kalifornische Rosinen
180 g Langkornreis
¾ l kräftige Hühnerbrühe (siehe Seite 20)
1 kleines Stück frischer Ingwer
1 TL Curry

1. Die Putenbrust unter fließendem Wasser waschen und trockentupfen. Anschließend in Scheiben, dann in schmale Streifen schneiden.
2. Die Zwiebeln und die Knoblauchzehe schälen und fein hacken, in dem heißen Öl weich dünsten. Die Fleischwürfel dazugeben und 3 Minuten kräftig anbraten. Mit Salz und Pfeffer würzen.
3. Den Apfel vierteln, das Kerngehäuse entfernen, das Fruchtfleisch in dünne Spalte schneiden, mit den Rosinen zum Fleisch geben und 2 Minuten lang schmoren. Dann alles vom Herd nehmen und beiseite stellen.
4. Den Reis waschen und in der heißen Hühnerbrühe 15 Minuten garen. Den Ingwer zum Reis reiben, den Curry unterrühren.
5. Die Fleischwürfel mit dem Reis mischen, mit Salz und Pfeffer abschmecken, dann auf kleiner Flamme abgedeckt etwa 10 Minuten ausquellen lassen.

DER GUTE TIP

Wollen Sie den Pilaw mit Vollkornreis zubereiten, dann brauchen Sie etwas mehr Hühnerbrühe. Die Garzeit für den Vollkornreis beträgt ungefähr 45 Minuten. Sehr apart schmeckt eine Mischung von Puten- und Schweinefleisch.

Hähnchenbrust in Limonensauce

Italien

Für 2 Portionen

1 Hähnchenbrustfilet
Salz
grob gemahlener Pfeffer
2 Limonen
1 EL Butterschmalz
60 ml halbtrockener
Weißwein
100 g Crème double
1 Msp. Cayennepfeffer

1. Die Limonen waschen, abtrocknen und von einer Limone die Schale mit einem Spargelschäler dünn abschälen, dann in dünne Streifen schneiden. Die Streifen in wenig Wasser 5 Minuten leicht kochen lassen. Die Limonen auspressen.
2. Das Hähnchenbrustfilet unter fließendem Wasser waschen und trockentupfen. Anschließend halbieren, so daß Sie zwei Filets erhalten. Das Fleisch rundherum salzen und pfeffern.
3. Das Butterschmalz erhitzen und die Filets darin auf jeder Seite 60 Sekunden anbraten, herausnehmen. Den Bratensatz mit dem Weißwein lösen und 5 Eßlöffel Limonensaft dazugießen, die Limonenschale einrühren.
4. Die Filets in der Sauce auf beiden Seiten je 2 Minuten garen. Die Filets warm stellen, die Crème double einrühren, mit Cayennepfeffer würzen und einige Minuten einkochen lassen. Die Sauce probieren und eventuell noch weiteren Limonensaft dazugeben.
5. Die Hähnchenbrustfilets auf angewärmten Tellern anrichten und mit der Limonensauce begießen.
(Foto Seite 131 oben)

Hähnchenkeule „Giulietta“

Italien

Für 2 Portionen

2 Hänchenkeulen (à 200 g)
Pfeffer aus der Mühle
½ TL Kräuter der Provence
2 EL Olivenöl
1 Zwiebel
1 kleine Fenchelknolle
2 kleine Stangensellerie
1 grüne Paprikaschote
2 Knoblauchzehen
4 EL Weißwein
1 Lorbeerblatt
1 Zweig Rosmarin
Cayennepfeffer
2 EL Zitronenmelisse
2 EL Pfefferminze

1. Die Hähnchenkeulen unter fließendem Wasser gründlich waschen. Mit Salz und Pfeffer sowie Kräutern der Provence einreiben.
2. 1 Eßlöffel Olivenöl erhitzen und die Hähnchenkeulen darin von allen Seiten anbraten. Anschließend im190° heißen Backofen 15 bis 20 Minuten braten.
3. Die Zwiebel schälen, die Fenchelknolle und den Stangensellerie putzen. Die Paprikaschote waschen und das gesamte Gemüse in mundgerechte Stücke schneiden.
4. Das restliche Olivenöl in einer Pfanne erhitzen. Das Gemüse dazugeben und unter ständigem Rühren braten. Die geschälten und feingehackten Knoblauchzehen dazugeben.
5. Den Weißwein dazugießen. Das Lorbeerblatt und den Rosmarinzweig dazugeben, alles mit Salz, Pfeffer, Cayennepfeffer abschmecken und etwa 4 Minuten dünsten.
6. Die Hähnchenkeulen zusammen mit dem Gemüse anricheten und mit den Kräutern bestreuen. Dazu passen Nudeln.

Würziger Hähnchentopf

Tunesien

Für 4 Portionen

1 Hähnchen (1000 g)
Salz, Pfeffer aus der Mühle
5 EL kaltgepreßtes Olivenöl
500 g Kartoffeln
2 Zwiebeln
2 Fleischtomaten
1 Chilischote
1 Zitrone
1 EL Tomatenmark
1 Döschen Safran
400 ml Geflügelfond
(Fertigprodukt)
Instanthühnerbrühe
1 Bund Petersilie
etwas Zitronenmelisse

1. Das Hähnchen unter fließendem Wasser waschen und trockentupfen. Anschließend in 8 Teile schneiden. Die Hähnchenteile salzen und pfeffern.
2. 3 Eßlöffel Olivenöl in einem Bräter erhitzen und die Hähnchenteile darin rundherum 5 Minuten anbraten, herausnehmen und beiseite stellen. Den Backofen auf 180° C vorheizen.
3. Die Kartoffeln schälen und in Scheiben schneiden. Die Zwiebeln schälen und in Ringe schneiden. Die Tomaten kurz überbrühen, häuten und in Scheiben schneiden. Die Chilischote hacken. Die Zitrone auspressen.

4. Die Kartoffelscheiben auf den Boden des Bräters legen, die Zwiebelringe darüber legen, darauf die Hähnchenteile setzen, mit den Tomatenscheibchen belegen, mit Chili bestreuen und mit dem Zitronensaft begießen.
5. Das Tomatenmark und den Safran mit dem Geflügelfond mischen und zu den anderen Zutaten in den Bräter gießen. Das restliche Olivenöl darüber träufeln.
6. Den Bräter abdecken und für 40 Minuten in den heißen Ofen schieben. Nach 40 Minuten den Deckel entfernen und weitere 10 Minuten offen garen.
7. Die gewaschene Petersilie fein hacken. Die Zitronenmelisse ebenfalls fein hacken und mit der Petersilie mischen. Die gehackten Kräuter vor dem Servieren über den Hähnchentopf streuen.

Fernöstliche Spezialitäten

Die Asiaten sind wahre Meisterköche, wenn es um Geflügel geht. Die armen Leute wickelten ihre Vorräte in Pfannkuchen, Nudelteig oder Reisblätter. Aus diesem „Arme-Leute-Essen“ entwickelte sich eine internationale Spezialität: die Frühlingsrolle. Wir haben zwei ausgezeichnete Rezepte für Sie aufgeschrieben.
Außerdem sagen wir Ihnen, wie Sie den Feuertopf, das chinesische Fondue, zubereiten können, wie eine Pekingente zelebriert wird und vieles andere. Folgen Sie uns ins kulinarische Reich der Mitte. Die Zutaten sind einfach, die Zubereitung ist manchmal langwierig, der Genuß aber unverwechselbar und überaus köstlich.

Süßsaure Entenbrust,
Rezept Seite 134

Süßsaure Entenbrust

Für 4 Portionen

2 gebratene Entenbrüste
3 EL Sojaöl
1 Zwiebel
1 Stange Bleichsellerie
1 Babyananas
100 g frische Litschis
100 g geschälte Honigmelone
2 EL Sojasauce
2 EL Hoisinsauce
1/8 l Instanthühnerbrühe
2 EL Tomatenketchup
4–6 EL Essig
1 EL Honig
1 EL Speisestärke
Salz
einige Tropfen Tabasco

1. Die Entenbrüste in gleichmäßige Würfel schneiden und in dem heißen Sojaöl rundherum anbraten. Anschließend die Entenwürfel warm stellen.
2. Die Zwiebel schälen und fein würfeln. Den Bleichsellerie abfädeln und in dünne Ringe schneiden. Die Ananas schälen und würfeln. Die Litschis aus der Schale brechen und eventuell entkernen. Das Obst und Gemüse in dem heißen Sojaöl 5 Minuten schmoren.
3. Die Soja- und Hoisinsauce dazugeben und gut mischen. Die restlichen Zutaten verrühren und zu dem heißen Obst und Gemüse geben, einmal aufkochen lassen.
4. Die warmen Entenwürfel dazugeben und nochmals kurz erhitzen.
Dazu schmeckt Reis.
(Foto Seite 132/133)

Entenfleischwürfel mit Früchten

Für 4 Portionen

Entenfleischwürfel:
600 g Entenfleisch ohne Knochen
2 Bund Suppengemüse
Salz
150 ml Reiswein
5 EL Sojasauce
1 TL Fünf-Gewürz-Pulver
2 EL Hoisinsauce
Pfeffer aus der Mühle

Teig:
200 g Mehl
150 ml Weißwein
1 Eigelb
1 Eiweiß
Fett zum Ausbacken

Sauce:
1 Bund Frühlingszwiebeln
1 rote Paprikaschote
1 grüne Paprikaschote
100 g Litschis
100 g Ananas
2 EL Sesamöl
1/4 l kräftige Hühnerbrühe (siehe Seite 20)
2–3 EL Tomatenmark
einige Tropfen Chiliöl
einige Tropfen Essig
etwas Speisestärke

1. Das Entenfleisch waschen und trockentupfen. In Würfel schneiden.
2. Das geputzte Suppengemüse in Salzwasser zum Kochen bringen und das Fleisch darin eine 3/4 Stunde garen. Dann die Würfel herausnehmen.
3. Den Reiswein, die Sojasauce, das Gewürzpulver und die Hoisinsauce mischen, das Fleisch salzen, pfeffern, mit der Marinade übergießen und kurz marinieren.
4. Für den Ausbackteig das Mehl, den Weißwein und das Eigelb in einer Schüssel glattrühren. Das Eiweiß steifschlagen und vorsichtig darunterheben.
5. Die Entenfleischwürfel darin wenden und im heißen Fett ausbacken.
6. Für die Sauce das Gemüse putzen, in 1–2 cm große Stücke schneiden. Die Litschis schälen, die Ananas kleinwürfeln.
7. Das Sesamöl in einem Topf erhitzen und das Gemüse unter Rühren braten. Die Litschis und die Ananas zum Gemüse geben und kurz mitbraten.
8. Die Hühnerbrühe und das Tomatenmark mit der restlichen Entenmarinade mischen, zum Gemüse geben und aufkochen lassen.
9. Je nach Geschmack mit Chiliöl und Essig abschmecken und mit etwas Speisestärke binden.
10. Die Fleischwürfel mit der Sauce übergießen.
(Foto Seite 135 oben)

Frühlingsrollen

Für 4 Portionen

8 Reisteigplatten oder
4 Wan-Tan-Teighüllen

Füllung:
10 g getrocknete Mu-Err-Pilze
250 g Hähnchenbrustfilet
1 Stange Lauch
50 g Sojasprossen
50 g Bambussprossen
1 kleine Chilischote
2 Knoblauchzehen
2 EL Sojaöl
Salz
Zucker

außerdem:
Sojaöl zum Braten

1. Die Reisteigplatten nebeneinander oder übereinander zwischen gut angefeuchtete Geschirrtücher legen und aufweichen lassen.
2. Die Mu-Err-Pilze in lauwarmem Wasser quellen lassen, dann abtropfen lassen und in Streifen schneiden. Das Hähnchenbrustfilet unter fließendem Wasser waschen, trockentupfen und in feine Streifen schneiden.
3. Den Lauch (nur der weiße und hellgrüne Teil wird verwendet) putzen und in hauchdünne Ringe schneiden. Die Soja- und Bambussprossen abspülen, den Bambus in feine Streifen schneiden. Die Chilischote in feinste Rin-

ge schneiden. Den Knoblauch schälen und fein hacken.

4. Das Sojaöl im Wok oder in einer Pfanne erhitzen und zuerst die Lauchringe darin 2 Minuten schmoren, dann die Fleisch- und Pilzstreifen, die Soja- und Bambussprossen, die Chilischote sowie den Knoblauch dazugeben und unter Rühren 3 Minuten dünsten. Mit Salz und Zucker abschmecken.

5. Die Füllung auf einem Sieb abtropfen und etwas abkühlen lassen. Immer zwei der aufgeweichten Reisteigblätter übereinanderlegen. Dann die Füllung in die Mitte der Reisblätter oder der Teighüllen geben und die Blätter aufrollen, dabei den oberen und unteren Teil einschlagen, damit die Füllung beim Braten nicht herausquellen kann.

6. Etwa 10 Eßlöffel Sojaöl in einem Wok oder in einer Pfanne erhitzen und die Frühlingsrollen darin bei großer Hitze auf beiden Seiten je 3 Minuten braten. Sobald die Hülle braun und kross ist, die Hitze etwas reduzieren und nochmals auf jeder Seite ungefähr 2 Minuten braten.

Dazu reichen Sie Schälchen mit Sojasauce, chinesischer süß-saurer Sauce sowie Sambal oelek (eine scharfe Pfefferpaste).

(Foto Seite 135 unten)

DER GUTE TIP

Für die Füllung eignen sich ebensogut Geflügelreste sowie Weißkohl, Wirsing, Möhren, Zwiebeln, Speck oder Hackfleisch.

Die Reisteigblätter sind sehr zerbrechlich. Sie lassen sich jedoch leicht mit einem Stück eingeweichtem Reispapier flicken. Deshalb ist es ratsam, immer ein Blatt mehr einzuweichen als gebraucht wird.

Reisteigblätter erhalten Sie in gut sortierten Supermärkten und in Asienläden.

Hähnchenbrustfiletstreifen mit Mangold

Für 4 Portionen

2 Hähnchenbrustfilets
600 g Mangold
75 g roher Schinken
2 Zwiebeln
2 Knoblauchzehen
Salz
1 TL frischer geriebener Ingwer
4 EL Sesamöl
3–4 EL Sojasauce
5 EL Reiswein
150 ml Geflügelfond (Fertigprodukt)
Pfeffer aus der Mühle
1 Prise Koriander
1 Prise Muskatpulver
1 Prise Nelkenpulver
1 Prise Zucker

1. Die Hähnchenbrustfilets unter fließendem Wasser waschen und trockentupfen. Anschließend in feine Streifen schneiden.
2. Den Mangold verlesen, waschen und in mundgerechte Stücke schneiden.
3. Den Schinken ebenfalls in feine Streifen schneiden. Die Zwiebeln schälen und in Streifen schneiden. Den Knoblauch mit Salz zu einer Paste zerreiben.
4. Alle Zutaten mit dem Ingwer im heißen Sesamöl unter Rühren braten.
5. Die Sojasauce, den Reiswein und den Geflügelfond angießen, das Ganze zum Kochen bringen und kurz schmoren lassen. Das Gericht mit dem Pfeffer, Koriander, Muskat, Nelke und dem Zucker abschmecken.

Pfannkuchenrollen mit würziger Entenbrust

Für 4 Portionen

Teig:
200 g Weizenmehl
¼ l Sojamilch
3 Eier
1 Msp. Salz
Sojaöl zum Backen

Füllung:
10 g getrocknete Mu-Err-Pilze
1 Entenbrust
1 Bund Frühlingszwiebeln
100 g frische Sojasprossen
1 Stück frischer Ingwer
1 Chilischote
2–3 EL Sojaöl
1 EL gehobelte Mandeln
⅛ l Instanthühnerbrühe
½ TL Speisestärke
Salz, Hoisinsauce

außerdem:
Sojaöl zum Fritieren

1. Für den Teig das gesiebte Mehl mit der Sojamilch und den Eiern verrühren, mit Salz würzen. Den Teig 30 Minuten quellen lassen, dann in dem heißen Sojaöl nacheinander 4 gleich große Pfannkuchen backen und diese auf 4 Tellern auskühlen lassen.
2. Die Mu-Err-Pilze in lauwarmem Wasser quellen lassen, abtropfen lassen und dann in Streifen schneiden.
3. Die Entenbrust unter fließendem Wasser waschen und trockentupfen. Die Haut mit einem scharfen Messer abschneiden und in schmale Streifen schneiden. Das schiere Brustfleisch ebenfalls in dünne Streifen schneiden.
4. Die Frühlingszwiebeln putzen (nur der weiße und hellgrüne Teil wird verwendet) und in feine Ringe schneiden. Die Sojasprossen abspülen und abtropfen lassen. Den Ingwer schälen und fein reiben. Die Chilischote in dünne Ringe schneiden.
5. Das Sojaöl in einem Wok oder in einer Pfanne erhitzen und zuerst die Hautstreifen darin knusprig braten, herausnehmen und beiseite legen. Eventuell noch etwas Öl nachgießen. Nun die Fleischstreifen bei großer Hitze 3 Minuten braten. Die Zwiebeln, die Sojasprossen, den Ingwer und die Chilischote sowie die Pilzstreifen dazugeben und weitere 3 Minuten schmoren.
6. Die Mandeln und die Brühe dazugeben und ebenfalls mitschmoren. Die Speisestärke mit wenig kaltem Wasser glattrühren, in die Pfanne geben und alles kurz aufkochen lassen. Mit Salz und Hoisinsauce würzen. Etwas abkühlen lassen.
7. In die Mitte jedes Pfannkuchens etwas von der Füllung geben, einige Entenhautstreifen darüber streuen und die Pfannkuchen zusammenklappen, wobei die oberen und unteren Teile eingeschlagen werden müssen, damit beim Braten keine Füllung herausquellen kann.
8. Die fertig aufgerollten Pfannkuchen im Wok oder in einer Pfanne in genügend Öl einige Minuten fritieren, abtropfen lassen und sofort servieren.
(Foto Seite 137)

DER GUTE TIP

Das Arme-Leute-Essen "Frühlingsrolle" mauserte sich zu einem internationalen Hit auf den Speisekarten chinesischer Restaurants. Die Füllungen richten sich nach dem Geldbeutel und der Phantasie des Kochs oder der Köchin. Sie werden entweder in Eiernudelteig (Wan tan), Reisteigplatten oder Pfannkuchenteig gerollt und dann in Öl gebraten oder fritiert.

Gebackene Hähnchenwürfel mit Gemüse

Für 4 Portionen

6–8 getrocknete
Mu-Err-Pilze
4 Hähnchenbrustfilets
Salz, Pfeffer aus der Mühle
4 EL Sojasauce
1 TL Fünf-Gewürz-Pulver
4 cl Reiswein
2 Eier
2 EL Speisestärke
Fett zum Ausbacken

Gemüse:
1 Chilischote
1 Zwiebel
1 kleine Stange Lauch
2 Karotten
100 g Bleichsellerie
4 EL Erdnußöl
6 Tomaten

1. Die Mu-Err-Pilze in lauwarmem Wasser ½ Stunde quellen lassen, abgießen und in Streifen schneiden.
2. Die Hähnchenbrustfilets unter fließendem Wasser waschen und trockentupfen. Dann in Würfel schneiden, salzen und pfeffern. Die Sojasauce, das Gewürzpulver und den Reiswein in einer Schüssel verrühren und das Fleisch dazu geben.
3. Die Eier verschlagen und die Speisestärke darunterrühren. Mit dem Fleisch gut mischen.
4. Die Hähnchenwürfel im heißen Fett knusprig ausbacken.
5. Die Chilischote entkernen und in feine Ringe schneiden, die Zwiebel schälen und hacken. Den Lauch putzen (nur der weiße und hellgrüne Teil wird verwendet) und in Ringe schneiden. Karotten und Sellerie putzen und würfeln. Das Gemüse im Wok oder einer Pfanne im heißen Öl unter Rühren braten.
6. Die Tomaten häuten, den Stielansatz entfernen und würfeln. Mit den Pilzen und dem Fleisch zum Gemüse geben und kurz erhitzen.
(Foto Seite 139 oben)

DER GUTE TIP

Mu-Err-Pilze (auch Wolkenohrpilze genannt) sind eine typische Spezialität der chinesischen Küche. Gutsortierte Supermärkte sowie Asienläden bieten diese aromatischen Pilze getrocknet an. Soll das Einweichwasser verwendet werden, gießt man es durch eine Filtertüte, weil die Pilze häufig Sand enthalten. Mu-Err-Pilze sollte man sparsam verwenden, ihr Wasseraufnahmevermögen ist außerordentlich groß.

Gefüllte Poularde im Salzbett

Für 4 Portionen

1 Poularde (etwa 1300 g)

Füllung:
1 kleine Stange Lauch
1 kleine Zwiebel
½ gelbe Paprikaschote
1 kleine Möhre
50 g frische Sojasprossen
2 EL Sojaöl
2 Eier
1 kleines Stück frischer
Ingwer
1 TL geschroteter Pfeffer
Salz

außerdem:
2 kg Salz

1. Die Poularde unter fließendem Wasser innen und außen waschen und trockentupfen. Anschließend an einem kühlen Ort über Nacht gut trocknen lassen.
2. Für die Füllung den Lauch (nur der weiße und hellgrüne Teil wird verwendet) putzen und in feine Ringe schneiden. Die Zwiebel schälen und fein hacken. Die Paprikaschote putzen und in feine Streifen schneiden. Die Möhre schälen und ebenfalls in feine Streifen schneiden. Die Sojasprossen abspülen und abtropfen lassen.
3. Das Sojaöl in einem Wok oder in einer Pfanne erhitzen und das Gemüse darin unter Rühren 10 Minuten schmoren. Den Backofen auf 200° C vorheizen.
4. Die Eier in einem Gefäß verquirlen. Den Ingwer schälen und fein reiben und hinzufügen. Mit dem geschroteten Pfeffer und Salz würzen. Das Ei mit dem Gemüse mischen und leicht stocken lassen. Diese Masse in die Poularde füllen und den Bauch mit Küchengarn zunähen.
5. Den Boden eines Bräters mit Salz bedecken, die Poularde hineinsetzen und völlig mit dem Salz bedecken. 90 Minuten im Backofen garen. Vor dem Servieren das Salz entfernen.
Dazu schmecken körniger Reis sowie ein süß-saurer Salat.
(Foto Seite 139 unten)

Kokospoularde in Currysauce

Für 4 Portionen

1 Poularde (etwa 1300 g)
Salz
Pfeffer aus der Mühle
2 EL Butterschmalz
2 Zwiebeln
2 Knoblauchzehen
1 kleine Chilischote
3 EL Curry
400 ml Geflügelfond (Fertigprodukt)
2 EL Kokosflocken
2 EL Lemonchutney
4 EL Mangochutney

1. Die Poularde innen und außen waschen und trockentupfen. Anschließend in 8 Teile schneiden, mit Salz und Pfeffer bestreuen.
2. Das Butterschmalz erhitzen und die Poulardenteile darin rundherum etwa 10 Minuten anbraten, herausnehmen und beiseite stellen.
3. Die Zwiebeln und Knoblauchzehen schälen und fein hacken. In dem heißen Butterschmalz weich dünsten. Die Chilischote fein hacken und zu den Zwiebeln geben.
4. Den Topf vom Feuer nehmen und den Curry einrühren, den Geflügelfond dazugießen, die angebratenen Poulardenteile in den Topf legen und zugedeckt etwa 25 Minuten schmoren.

5. Die Kokosflocken einstreuen und verrühren. Die beiden Chutneys fein hacken und in die Sauce rühren. Die Poulardenteile weitere 5 Minuten in der Sauce ziehen lassen. Dazu schmecken Reis und gedünstete Frühlingszwiebeln.
(Foto Seite 140)

Gebratener Brokkoli mit Hühnercreme

Für 4 Portionen

500 g Brokkoli
1 TL Salz

Hühnercreme:
180 g Hähnchenbrustfilet
2 Eiweiß
1/8 Instanthühnerbrühe
1 EL Speisestärke
1 TL Salz
Pfeffer aus der Mühle
1 Msp. Ingwerpulver

außerdem:
2 EL Sesamöl
100 g gekochter Schinken
1 Bund Schnittlauch

1. Den Brokkoli waschen und in Röschen und Stiele teilen. Die Stiele schälen und in dünne Streifen schneiden. Zuerst die Streifen 5 Minuten in Salzwasser kochen, dann die Röschen dazugeben. Nach 5 Minuten das Gemüse abgießen und abtropfen lassen.

2. Die Hähnchenbrust unter fließendem Wasser waschen und trockentupfen, dann würfeln.

3. Die Fleischwürfel mit dem Eiweiß, der Hühnerbrühe, der Speisestärke und den Gewürzen im Mixer pürieren, bis eine glatte Creme entstanden ist.

4. Das Sesamöl im Wok oder in einer Pfanne erhitzen. Zuerst den Brokkoli darin gut 3 Minuten rundherum anbraten, herausnehmen und warm stellen. Dann die Creme in den Wok oder in die Pfanne geben und so lange rühren, bis die Sauce hell und glatt ist.

5. Die Hühnercreme über den Brokkoli gießen und mit dem gewürfelten Schinken und den Schnittlauchröllchen bestreuen.
(Foto Seite 141)

Fritierte Poularde

Für 4 Portionen

1 Poularde (etwa 1300 g)

Marinade:
3 EL Mangochutney
2 Knoblauchzehen
1 TL Salz
1 Stück frischer Ingwer
2 TL Bohnenpaste oder Sojapaste
2 cl trockener Sherry (Fino)
1 TL Zucker
2 EL Sojasauce
2 EL Speisestärke

außerdem:
2 Eier
etwa 100 g Semmelbrösel
Sojaöl zum Fritieren

1. Die Poularde unter fließendem Wasser innen und außen waschen und trockentupfen. Anschließend in 12–16 Teile hakken. Mit einem scharfen Messer die Knochen aus den Stücken herausschneiden.
2. Für die Marinade den Mangochutney fein hakken. Die Knoblauchzehen schälen und fein hacken. Den Ingwer schälen und fein reiben. Alles mit der Bohnen- oder Sojapaste, dem Sherry, dem Zucker, der Sojasauce und der Speisestärke gut verrühren. Die Fleischstücke darin 2 Stunden im Kühlschrank marinieren.
3. Die Eier in einem Teller aufschlagen und mit einigen Tropfen Wasser mischen. Die Semmelbrösel auf einen anderen Teller streuen. Das Öl in einer Friteuse oder in einer tiefen Pfanne erhitzen. Das marinierte Fleisch zuerst durch das Ei und dann durch die Semmelbrösel ziehen. Diese gut andrücken und das Fleisch in dem heißen Öl etwa 5 Minuten fritieren.
Dazu passen verschiedene scharfe Saucen, eingelegte Früchte und süßsaures Gemüse.
(Foto Seite 142)

Ente mit grünen Bohnen

Für 4 Portionen

1 Ente (etwa 2000 g)
4 EL Erdnußöl
1 Zwiebel
2 Knoblauchzehen
Salz
1 EL frischer geriebener Ingwer
1 Tasse Sojasauce
1 Tasse Reiswein oder Sherry
1 Tasse Tomatenketchup
1/2 Tasse Essig
400 ml Geflügelfond (Fertigprodukt)
400 g grüne Bohnen
etwas Speisestärke
Pfeffer aus der Mühle
einige Tropfen Chiliöl

1. Die Ente innen und außen unter fließendem Wasser waschen und trockentupfen. Anschließend in 8–10 Stücke zerteilen. Das Erdnußöl im Wok oder in einer Pfanne erhitzen und die Ententeile darin anbraten.
2. Die Zwiebel schälen und fein hacken. Den Knoblauch schälen und mit etwas Salz im Mörser zerreiben.
3. Zusammen mit dem Ingwer, der Sojasauce, dem Reiswein, dem Tomatenketchup, dem Essig und der Geflügelbrühe zu den Ententeilen geben und bei mäßiger Hitze in 100–110 Minuten garschmoren.

4. In der Zwischenzeit die Bohnen waschen, abfädeln und in Stücke schneiden. 15 Minuten vor Garende zum Fleisch und den Gewürzen geben und mitkochen. Anschließend mit etwas Speisestärke binden und das Ganze mit Pfeffer, Chiliöl und Glutamat abschmecken.
Dazu passen Reis oder Glasnudeln.
(Foto Seite 143: oben)

Eierhuhn

Für 4 Portionen

1 Poularde (etwa 1500 g)
4 EL Sesamöl
Salz
2 Knoblauchzehen
2 Zwiebeln
2 in Sirup eingelegte Ingwerpflaumen
½ Tasse Sojasauce
2 EL Hoisinsauce
½ Tasse Reiswein oder trockener Sherry (Fino)
⅜ l kräftige Hühnerbrühe (siehe Seite 20)
1 TL Zitronenpfeffer
6 Eier
etwas Speisestärke
Pfeffer aus der Mühle
1 Prise Glutamat

1. Die Poularde unter fließendem Wasser außen und innen waschen und trockentupfen. Anschließend in 2–3 cm große Stücke schneiden oder hacken.

2. Das Öl im Wok oder in einer Pfanne erhitzen und die Geflügelteile darin kräftig anbraten.

3. Die Knoblauchzehen schälen und im Mörser mit Salz zerreiben, die Zwiebeln schälen und hakken. Die Ingwerpflaumen abtropfen lassen und ebenfalls hacken. Alles zum Fleisch geben und kurze Zeit mitbraten.

4. Die Soja- und Hoisinsauce, den Reiswein oder Sherry und die Brühe dazugeben. Mit Pfeffer würzen und bei mäßiger Hitze in 20–25 Minuten garschmoren.

5. Die Eier hartkochen, abschrecken, schälen und in Würfel schneiden. Am Ende der Garzeit unterziehen, das Ganze mit angerührter Speisestärke binden und mit frisch gemahlenem Pfeffer und etwas Glutamat abschmecken.
(Foto Seite 143: unten)

Hähnchenbrust mit Erdnußsauce

Für 4 Portionen

4 Hähnchenbrustfilets
1 TL Salz
2 EL Speisestärke
1 Chilischote
4 EL Schweineschmalz

Sauce:

1 große Zwiebel
1 rote Paprikaschote
100 g gemahlene, ungesalzene Erdnüsse
2 EL Sherryessig
2 EL Sojasauce
1/8 l kräftige Hühnerbrühe (siehe Seite 20)
4 cl Weinbrand
Salz, Pfeffer aus der Mühle

1. Die Hähnchenbrustfilets unter fließendem Wasser waschen und trockentupfen. Anschließend in gleichmäßig große Würfel schneiden. Die Fleischwürfel mit Salz bestreuen und mit 1 EL Speisestärke bestäuben.
2. Die Chilischote fein hacken und in dem heißen Schweineschmalz 2 Minuten erhitzen. Die Fleischwürfel dazugeben und bei großer Hitze 3 Minuten rundherum anbraten, herausnehmen und abtropfen lassen.
3. Die Zwiebel schälen und in Ringe schneiden. Die Paprikaschote quer halbieren, putzen und dann ebenfalls in Ringe schneiden. Das Gemüse in dem heißen Schweineschmalz weich schmoren.
4. Die gemahlenen Erdnüsse dazugeben. Dann mit dem Essig, der Sojasauce und der Hühnerbrühe auffüllen.
5. Die restliche Speisestärke mit etwas kaltem Wasser glattrühren und die Sauce damit leicht binden. Zum Schluß mit Weinbrand, Salz und Pfeffer abschmecken und die Fleischwürfel in der Sauce nochmals erwärmen.
(Foto Seite 144)

Geschmorter Geflügelsalat

Für 4 Portionen

6–8 getrocknete Mu-Err-Pilze
200 g Hähnchenbrustfilet
4 EL Sesamöl
2 Möhren
100 g Sellerie
1 rote Paprikaschote
100 g Bambussprossen
100 g geschälte Honigmelone
3 Tomaten
1/8 l kräftige Hühnerbrühe (siehe Seite 20)
2 EL Mangochutney
2 EL Tomatenmark
3 EL Essig
1 Stück frischer Ingwer
1 Knoblauchzehe
1 EL Speisestärke
Salz
Pfeffer aus der Mühle

1. Die Mu-Err-Pilze in lauwarmem Wasser quellen lassen, dann gut abtropfen lassen und je nach Größe halbieren.
2. Die Hähnchenbrust unter fließendem Wasser waschen und trockentupfen. Anschließend in

schmale Streifen schneiden und in dem heißen Sesamöl unter Rühren 2 Minuten anbraten. Herausnehmen und abtropfen lassen.

3. Die Möhren und den Sellerie schälen. Die Paprikaschote putzen. Die Bambussprossen abspülen. Das Gemüse in feine Streifen schneiden. Die Honigmelone würfeln. Das Gemüse in dem Öl 1 Minute schmoren.

4. Die Tomaten kurz in heißes Wasser tauchen, die Haut abziehen, die Kerne entfernen, das Fruchtfleisch in Streifen schneiden und zu dem anderen Gemüse geben.

5. Die Hühnerbrühe hinzufügen. Den Mangochutney fein hacken, mit dem Tomatenmark und dem Essig ebenfalls in die Pfanne geben. Den Ingwer schälen und zum Gemüse reiben. Die Knoblauchzehe schälen und fein hacken. Die Speisestärke mit etwas kaltem Wasser glatt rühren. Alles mit dem Gemüse aufkochen lassen.

6. Die Fleischstreifen dazugeben und abgedeckt 3 Minuten dünsten. Mit Salz und Pfeffer abschmecken und lauwarm servieren.

(Foto Seite 145)

Feuertopf

Für 4 Portionen

Zwiebelsauce:
- *5 Bund Frühlingszwiebeln*
- *1 Bund Schnittlauch*
- *1 EL Hoisinsauce*
- *2 EL Tomatenketchup*
- *125 g Mayonnaise*
- *1 EL Essig*
- *Salz*
- *Cayennepfeffer*

Zitronensauce:
- *80 g Mayonnaise*
- *80 g Crème fraîche*
- *Saft von 2 Zitronen*
- *1 hartgekochtes Ei*
- *1 Bund Zitronenmelisse*
- *1 EL Sojasauce*
- *4 cl trockener Sherry (Fino)*
- *Salz*
- *einige Tropfen Tabasco*

Ingwersauce:
- *3 in Sirup eingelegte Ingwerpflaumen*
- *2 Knoblauchzehen*
- *1 TL Salz*
- *1 EL Sojasauce*
- *2 EL Honig*
- *150 g Sahnejoghurt*
- *1 TL Curry*
- *Pfeffer aus der Mühle*
- *einige Tropfen Tabasco*

außerdem:
- *2 Hähnchenbrustfilets*
- *1 Entenbrust*
- *250 g Rinderfilet*
- *250 g Schweinefilet*
- *250 g Blumenkohlröschen*
- *3 Möhren*
- *10 Frühlingszwiebeln*
- *250 g frische Champignons*
- *1½ l kräftige Hühnerbrühe (siehe Seite 20)*
- *einige fertig gekaufte Saucen wie*
- *Hoisinsauce*
- *Pflaumensauce*
- *süß-saure Sauce*
- *Austernsauce*
- *Sojasauce*
- *Glas- oder Eiernudeln (nach Bedarf)*

1. Für die Zwiebelsauce die Frühlingszwiebeln putzen (nur der weiße und hellgrüne Teil wird verwendet) und fein hacken. Den gewaschenen Schnittlauch in feine Röllchen schneiden.
2. Die Hoisinsauce mit dem Ketchup, der Mayonnaise und dem Essig verrühren, die Zwiebeln und den Schnittlauch einrühren. Die Sauce mit Salz und Cayennepfeffer kräftig abschmecken.
3. Für die Zitronensauce zuerst die Mayonnaise mit der Crème fraîche und dem Saft der beiden Zitronen mischen. Das hartgekochte Ei fein würfeln, die zarten Blätter der Zitronenmelisse fein hacken, beides zur Creme geben und verrühren. Die Zitronensauce mit der Sojasauce, dem Sherry, Salz und Tabasco abschmecken.
4. Für die Ingwersauce die Ingwerpflaumen fein hacken. Die Knoblauchzehen schälen und durch die Presse drücken, dann mit dem Salz im Mörser zu einer Paste reiben. Den Ingwer mit der Knoblauchpaste, der Sojasauce, dem Honig und dem Joghurt gut vermengen. Die Sauce mit dem Curry, Pfeffer und Tabasco abschmecken.
Die Saucen bis zum Servieren kühl stellen.
5. Die Hähnchen- und Entenbrust unter fließendem Wasser waschen und trockentupfen. Die Haut der Entenbrust abschneiden. Das Rinder- und Schweinefilet ebenfalls waschen und trockentupfen. Das Fleisch in dünne Scheiben schneiden und auf 4 Tellern anordnen.
6. Die Blumenkohlröschen zum Fleisch legen. Die Möhren schälen und in dünne Streifen von etwa 5 cm Länge schneiden. Die Frühlingszwiebeln putzen (nur der weiße und hellgrüne Teil wird verwendet) und in etwa 5 cm lange Stücke schneiden. Die Champignons mit einem feuchten Tuch abreiben, die Stiele kürzen, die Pilze dann in möglichst dünne Scheiben schneiden.
7. Das Gemüse auf den Fleischtellern anordnen.
8. Die Hühnerbrühe in dem Fonduetopf erhitzen. Während des Essens muß die Brühe ständig leise kochen. Die selbstgemachten und gekauften Saucen in kleinen Schälchen mit den Fleisch- und Gemüsetellern auf den Tisch stellen. Jeder Gast gart in einem speziellen Drahtkörbchen Fleisch und Gemüse nach Wahl, die nach Geschmack mit den verschiedenen Saucen gewürzt werden.
9. Nach dem Essen können Sie in der Brühe chinesische Nudeln garen und zum Abschluß des Essens reichen.
(Foto Seite 147)

Hähnchenbrust mit Chilischoten

Für 4 Portionen

500 g Hähnchenbrustfilet

Marinade:
2 EL Sojasauce
4 cl trockener Sherry (Fino)
8 EL Sojaöl
1 EL Speisestärke

Sauce:
2 EL Tomatenketchup
2 EL Honig
1 EL Zucker
4 EL Sojasauce
½ TL Salz
3 EL Sesamöl
3 EL Reiswein oder trockener Sherry
1 EL Speisestärke

außerdem:
50 g getrocknete Chilischoten
20 g frischer Ingwer
2 Frühlingszwiebeln
1 TL Szetchuanpfefferkörner
Sojaöl zum Fritieren und Braten

1. Das Hähnchenfleisch unter fließendem Wasser waschen und trockentupfen. Anschließend in mundgerechte Stücke schneiden.

2. Alle Zutaten für die Marinade in einer Schüssel mischen und dann die Fleischwürfel hinzufügen. Im Kühlschrank 10 Minuten durchziehen lassen.

3. Inzwischen alle Zutaten für die Sauce miteinander vermengen. Die Speisestärke mit etwas kaltem Wasser glattrühren und darunter rühren.

4. Die Chilischoten halbieren. Den Ingwer schälen und grob hacken. Die Frühlingszwiebeln ebenfalls grob hacken.

5. Einen Wok oder einen Fritiertopf mit ¾ l Sojaöl füllen und erhitzen. Zuerst die Chilischoten darin scharf anbraten, dann den Ingwer sowie die Zwiebeln dazugeben und 30 Sekunden fritieren.

6. Die gut abgetropften Hähnchenwürfel ins Öl gleiten lassen und 30 Sekunden fritieren. Alles in einem Sieb abtropfen lassen. Das Öl abgießen.

7. Nochmals 8 Eßlöffel Sojaöl in den Wok oder Fritiertopf füllen und die Pfefferkörner darin 10 Sekunden braten. Nun die Hähnchenstücke darin unter Rühren ein zweites Mal 30 Sekunden braten. Die Sauce darüber gießen und alles aufkochen lassen. Die scharfen Hähnchenbrustwürfel auf Salatblättern garnieren und mit Reis servieren.
(Foto Seite 148)

Poularde in Reiswein

Für 4 Portionen

1 Poularde (etwa 1500 g)
5 Frühlingszwiebeln
30 g frischer Ingwer
3 EL Salz

außerdem:
4 Knoblauchzehen
Sojaöl zum Braten
1/4 l Reiswein
4 unbehandelte Orangen

1. Die Poularde unter fließendem Wasser waschen und trockentupfen. Anschließend halbieren. Beide Hälften in einen Topf legen.
2. Die Frühlingszwiebeln putzen und halbieren. Den Ingwer schälen und in dünne Scheiben schneiden. Beides mit dem Salz über die Poularde geben. Dann knapp mit Wasser bedecken und ungefähr 20 Minuten leicht kochen lassen.
3. Die Poularde in der Brühe erkalten lassen.
4. Die erkaltete Poularde von den Knochen lösen und die Haut abschneiden, sie wird nicht benötigt. Die Brühe beiseite stellen.
5. Die Knoblauchzehen schälen und mit einem breiten Messer flachdrücken.
6. 5 Eßlöffel Sojaöl in einer Pfanne oder im Wok erhitzen und zuerst den Knoblauch darin schwarz braten, dann die Fleischwürfel darin unter Rühren knapp 2 Minuten braten. Die Fleischwürfel herausnehmen, den Knoblauch wegwerfen.
7. Das Fleisch mit dem Reiswein begießen und mit der kalten Brühe auffüllen, so daß es gerade bedeckt ist. Im Kühlschrank abgedeckt 1 Tag durchziehen lassen.
8. Die Orangen heiß waschen, in Scheiben schneiden und auf 4 Tellern anordnen. Das Poulardenfleisch in der Brühe erhitzen und auf den Orangenscheiben servieren.
Dazu passen Reis oder warme Hefebrötchen.
(Foto Seite 149)

Gedämpfte Ente

Für 4 Portionen

1 Ente (etwa 2000 g)

Marinade:
2 Knoblauchzehen
1 Stück frischer Ingwer
4 cl Reiswein
1 TL grob gemahlener Pfeffer
1 TL Salz
2 EL Sojasauce

Füllung:
150 g Reis
10 g getrocknete Mu-Err-Pilze
2 Knoblauchzehen
1 Entenmagen
20 g gekochter Schinken
40 g Bambussprossen
20 g Speck
1 Möhre
8 EL Schweineschmalz
30 g Krabbenfleisch
2 EL TK-Erbsen
2 EL Sojasauce
2 EL Honig
4 cl Reiswein
Salz
Pfeffer aus der Mühle

außerdem:
1 Eiweiß
Sojaöl zum Fritieren
30 g Glasnudeln

1. Die Ente vorsichtig von innen von den Knochen schneiden. Dazu die Flügelknochen am zweiten Gelenk, die Keulen am ersten Gelenk abtrennen. Das Fleisch von der Karkasse lösen, indem man immer wieder einschneidet und das Fleisch vorsichtig abzieht. Die Flügelknochen von innen am Gelenk durchtrennen. Dann von außen ins Innere schieben und entfernen. Die entbeinte Ente innen und außen unter fließendem Wasser waschen und trockentupfen.

2. Die Knoblauchzehen schälen und fein hacken. Den Ingwer schälen und ebenfalls fein hacken. Beides mit den restlichen Zutaten verrühren und die Ente damit innen und außen bestreichen. 24 Stunden an einem kühlen Ort ziehen lassen.

3. Den gewaschenen Reis 4 Stunden in lauwarmem Wasser quellen lassen. Die Mu-Err-Pilze ebenfalls in lauwarmem Wasser quellen lassen, dann abtropfen lassen und in Streifen schneiden.

4. Den Entenmagen, den Schinken, die Bambussprossen und den Speck fein würfeln. Die Möhren schälen und ebenfalls fein würfeln.

5. Das Schweineschmalz in einem Wok oder einer Pfanne erhitzen und die in Streifen geschnittenen Pilze, den Knoblauch, den Entenmagen, den Schinken, die Bambussprossen, den Speck, die Möhre, die Krabben und die Erbsen darin 60 Sekunden braten.

6. Nun die Sojasauce, den Honig, den Reiswein und den gut feuchten Reis dazugeben und weitere 2 Minuten braten. Mit Salz und Pfeffer abschmecken.

7. Diese Füllung in die marinierte Ente geben und den Bauch mit Küchengarn zunähen. Da der Reis beim Dämpfen quillt, darf die Ente nicht zu stark gefüllt werden.

8. Die gefüllte Ente über Wasserdampf in einem Siebeinsatz 2 Stunden dämpfen. Zwischendurch mehrmals wenden.

9. Anschließend die Ente mit dem Eiweiß bestreichen und in heißem Sojaöl goldgelb fritieren.

10. Nach Geschmack die eingeweichten und abgetropften Glasnudeln kurz in dem heißen Öl fritieren und die gedämpfte Ente darauf servieren.

(Foto Seite 150/151)

DER GUTE TIP

Grundsätzlich kann man statt eines Woks immer auch eine Bratpfanne verwenden. Allerdings erhöht sich dann die Garzeit um einige Minuten.

Süßsaure Hähnchenbrust mit Chinakohl

Für 4 Portionen

2 Hähnchenbrustfilets

Marinade:

3 EL Sojasauce
2 cl halbtrockener Sherry (Amontillado)
4 EL Essig
2 EL Honig
1 TL frischer, geriebener Ingwer

außerdem:

10 g getrocknete Mu-Err-Pilze
1 mittelgroßer Chinakohl
100 g roher Schinken
1 Zwiebel
1 rote Paprikaschote
1 grüne Paprikaschote
1 Chilischote
3 EL Sojaöl
1/8 l Instanthühnerbrühe
2 EL Tomatenmark
1 TL Salz

1. Die Hähnchenbrust unter fließendem Wasser waschen und trockentupfen, dann in schmale Streifen schneiden.

2. Für die Marinade alle Zutaten miteinander mischen und die Hähnchenbruststreifen darin mindestens 3 Stunden marinieren.

3. Die Mu-Err-Pilze in lauwarmem Wasser quellen lassen, dann gut abtropfen lassen und in Streifen schneiden.

4. Den Chinakohl putzen, die äußeren Blätter und den Strunk entfernen. Den Kohl in mundgerechte Stücke schneiden. Den Schinken fein würfeln. Die Zwiebel schälen und fein würfeln. Die Paprikaschoten putzen und in feine Würfel schneiden. Die Chilischote fein hacken.

5. In einem Wok oder einer Pfanne das Öl erhitzen und zuerst die Schinkenwürfel darin anbraten, dann die Pilzstreifen, das restliche Gemüse und das abgetropfte Fleisch dazugeben. 3 Minuten unter Rühren braten.

6. Die Brühe mit dem Tomatenmark verrühren, zusammen mit der Marinade in den Wok geben und nochmals 2 Minuten kräftig kochen, dabei öfter wenden.

(Foto Seite 152)

Hähnchenbrust in Zellophan

Für 4 Portionen

4 Hähnchenbrustfilets

Marinade:
2 EL Sherryessig
2 EL Sojasauce
2 EL Hoisinsauce
1 TL brauner Zucker
2 cl trockener Sherry (Fino)

Füllung:
10 g getrocknete Mu-Err-Pilze
5 Frühlingszwiebeln
100 g frische Sojasprossen
100 g Mandarinenfilets aus der Dose

außerdem:
Einmachzellophan
Sojaöl

1. Die Hähnchenbrüste unter fließendem Wasser waschen und trockentupfen. Anschließend in ungefähr 2 cm große Würfel schneiden.
2. Für die Marinade alle Zutaten miteinander mischen und die Fleischwürfel darin im Kühlschrank 2 Stunden durchziehen lassen.
3. Für die Füllung zuerst die Mu-Err-Pilze in lauwarmem Wasser quellen lassen. Anschließend abtropfen lassen und in Streifen schneiden.
4. Die Frühlingszwiebeln putzen (nur der weiße und hellgrüne Teil wird verwendet) und in feine Ringe schneiden. Die Sojasprossen verlesen und unter fließendem Wasser abspülen. Abtropfen lassen und mit den Zwiebelringen, den eingeweichten Pilzstreifen und den Mandarinenfilets mischen.
5. Das Einmachzellophan in 12 Quadrate (etwa 18 x 18 cm) schneiden. Auf jedes Quadrat etwas Gemüse und einige marinierte Fleischwürfel geben. Dann wie Briefchen zusammenfalten.
6. Das Sojaöl in einem Wok oder einer Bratpfanne erhitzen und die Päckchen darin bei mittlerer Hitze etwa 5 Minuten braten.
(Foto Seite 153)

Gekochte Ente in Chinakohl

Für 4 Portionen

1 Ente (etwa 1800 g)
1/2 l kräftige Hühnerbrühe (siehe Seite 20)
200 g durchwachsener Speck
2 EL Pflaumensauce
1 Chilischote
80 ml Reiswein
1 EL Honig
1 TL frischer, geriebener Ingwer
10 Frühlingszwiebeln
1 kleiner Chinakohl
Salz
2 EL gehacktes Koriandergrün

1. Die Ente unter fließendem Wasser innen und außen waschen und trockentupfen.
2. Die Ente in einen Topf legen und mit der Hühnerbrühe begießen. Den Speck in feine Würfel schneiden, mit der Pflaumensauce, der gehackten Chilischote, dem Reiswein, dem Honig und dem geriebenen Ingwer zur Ente geben.
3. Die Ente im geschlossenen Topf etwa 80 Minuten garen.
4. Inzwischen die Frühlingszwiebeln putzen (nur der weiße und hellgrüne Teil wird verwendet) und in feine Ringe schneiden. Den Chinakohl von den äußeren Blättern befreien, dann in feine Streifen schneiden. Das Gemüse zur Ente geben, umrühren und weitere 10 Minuten leicht kochen lassen.
5. Die Brühe mit Salz abschmecken und vor dem Servieren mit dem Koriandergrün bestreuen.
(Foto Seite 154)

Gänsemägen mit Ingwer

Für 2 Portionen

400 g Gänse- oder Entenmägen

Marinade:

2 EL Sojasauce
60 ml Wasser
1 kleines Ei
3 TL Speisestärke
½ TL Salz
½ TL frisch gemahlener Pfeffer
1 TL Zucker
100 ml Sojaöl

Sauce:

3 TL Zucker
1 TL Salz
1 EL süße Bohnensauce
2 EL Tomatenketchup
4 cl Reiswein
1 EL Speisestärke
5 EL Wasser

außerdem:

100 g frischer Ingwer
1 kleine Stange Lauch
1 rote Chilischote
Sojaöl zum Fritieren und Braten

1. Die Gänse- oder Entenmägen waschen und trockentupfen. Die äußere harte Haut wegschneiden. Die Mägen je nach Größe einmal durchschneiden. Dann jedes Stück Magen rautenförmig einschneiden.

2. Für die Marinade alle Zutaten miteinander mischen und die Mägen darin 30 Minuten ziehen lassen.

3. Alle Zutaten für die Sauce miteinander verrühren.

4. Den Ingwer schälen und in dünne Scheiben schneiden. Den Lauch putzen, halbieren, waschen und ebenfalls in dünne Scheiben schneiden. Die Chilischote fein hacken.

5. In einem Wok oder einem Fritiertopf ¾ l Öl erhitzen und die gut abgetropften Mägen darin 2 Minuten fritieren, herausnehmen und abtropfen lassen. Das Öl abgießen.

6. Nochmals 8 Eßlöffel Öl erhitzen und den Ingwer, den Lauch und die Chilischote darin 1 Minute unter Rühren braten. Jetzt die Mägen hinzu geben, 1 Minute braten, die Sauce angießen und mehrmals kräftig aufkochen lassen.

Dazu schmecken Glasnudeln.

(Foto Seite 155)

Scharf gebratenes Putenfleisch

Für 4 Portionen

4 Putenschnitzel
6 EL Sesamöl
Salz
geschroteter Szetchuanpfeffer
8 getrocknete Blumenpilze
1 Bund Frühlingszwiebeln
2 Knoblauchzehen
1 rote Paprikaschote
1 Stange Lauch
1 Möhre
1 kleines Stück Sellerie
100 g frische Sojasprossen
100 g TK-Erbsen
1 Stück frischer Ingwer
2 EL Sojasauce
1/8 l Instanthühnerbrühe
80 g ganze, gehäutete Mandeln
4 EL Reiswein

1. Das Fleisch unter fließendem Wasser waschen und trockentupfen. Anschließend in feine Streifen schneiden. 4 Eßlöffel Öl erhitzen und die Streifen portionsweise darin rundherum scharf anbraten, herausnehmen, salzen und pfeffern und beiseite stellen.
2. Die Stiele der Blumenpilze entfernen. Die Pilze in reichlich warmem Wasser einweichen, dann halbieren.
3. Die Frühlingszwiebeln putzen (nur der weiße und hellgrüne Teil wird verwendet) und der Länge nach vierteln. Den Knoblauch schälen und fein hacken. Die Paprikaschote putzen und in dünne Streifen schneiden. Den Lauch putzen (nur der weiße Teil wird verwendet) und in Ringe schneiden. Die Möhre und den Sellerie schälen und in Streifen schneiden. Die Sprossen unter fließendem Wasser abspülen. Die Erbsen zum Gemüse geben. Den Ingwer schälen und fein hacken.
4. Das restliche Öl in die Pfanne geben und das Gemüse, die Pilze und den Ingwer darin unter Rühren 10 Minuten schmoren. Die Sojasauce, die Hühnerbrühe, die Mandeln und den Reiswein dazugeben und weitere 5 Minuten leicht kochen lassen. Zum Schluß die Putenschnitzelstreifen in dem Gemüse nochmals kurz erwärmen.

Pekingente

Für 4 Portionen

1 Ente (etwa 2000 g)
2 EL Salz

Glasur:
3 EL Honig
1/8 l halbtrockener Sherry (Amontillado)
1 EL Salz
1 TL frischer, geriebener Ingwer

Pfannkuchen:
300 g Weizenmehl
1/4 l kochendes Wasser
1–3 EL Sesamöl

außerdem:
10 Frühlingszwiebeln
1 Gurke
Hoisinsauce
Pflaumensauce
Sojasauce

1. Die Ente unter fließendem Wasser innen und außen waschen und trockentupfen. Anschließend in einen Topf legen, mit dem Salz bestreuen und mit Wasser bedecken. Zum Kochen bringen und 5 Sekunden kochen lassen. Die Ente herausnehmen, abtropfen lassen und über Nacht an einem kühlen Ort hängend trocknen lassen.
2. Alle Zutaten für die Glasur verrühren und die Ente damit nach dem Trocknen ein- bis zweimal mit Hilfe eines Küchenpinsels innen und außen bestreichen. Danach muß die Ente nochmals hängend mindestens 5 Stunden trocknen.
3. Dann die Ente im 200° C heißen Backofen auf dem Rost in 1½ bis 2 Stunden knusprig braten. Die Ente zwischendurch mehrmals wenden.
4. Inzwischen das Mehl in eine Schüssel sieben und mit dem heißen Wasser zu einem geschmeidigen Teig verarbeiten. Anschließend den Teig mindestens 10 Minuten kräftig durchkneten. Dann 30 Minuten ruhen lassen.
5. Den Teig nochmals durchkneten und zu einer Rolle von 5 cm Durchmesser formen. Mit einem Messer 1 cm dicke Scheiben von der Teigrolle schneiden, jede Scheibe mit etwas Sesamöl bestreichen und eine zweite Scheibe obendrauf setzen. Dann zwischen Klarsichtfolie dünn ausrollen (Durchmesser etwa 15 cm).
6. Die doppelten Pfannkuchen in einer ungefetteten Pfanne auf beiden Seiten braten, bis kleine goldbraune Flecken sichtbar werden. Während des Bratens die Pfanne ständig rütteln, damit die Pfannkuchen nicht anbrennen. Nun können die Pfannkuchen wieder auseinandergezogen werden.
7. Die Frühlingszwiebeln putzen und in dünne Streifen schneiden. Die Gurke waschen und ebenfalls in dünne Streifen schneiden. In Schälchen anrichten.
8. Die Pfannkuchen zwischen Stoffservietten warm halten und mit den Gemüsestreifen und den Saucen auf den Tisch stellen.

9. Von der fertig gebratenen Ente die knusprige Haut entfernen und in mundgerechte Stücke schneiden. Anschließend das Fleisch von den Knochen lösen und ebenfalls würfeln.

10. Bestreichen Sie einen Pfannkuchen mit einer Sauce nach Wahl und legen Sie einige Gemüsestreifen und einige Haut- oder Fleischstücke darauf. Die Pfannkuchen werden aufgerollt verzehrt.

(Foto Seite 157)

Rezeptverzeichnis